La Reina del Cielo en el Reino de la Divina Voluntad

Libro de cielo

La llamada de Dios a la criatura para que regrese al orden, a su puesto y a la finalidad para la cual fue creada

Luisa Piccarreta

La Pequeña Hija de la Divina Voluntad

Nihil obstat Mons. Giuseppe Asciano,
Canciller Arzobispal, arquidiócesis de Trani
24 de Septiembre de 1997

Maternal llamada de la Reina del Cielo

Hija queridísima, siento la necesidad irresistible de bajar del cielo para hacerte mis visitas maternas; si tú me aseguras tu amor filial, tu fidelidad, yo me quedaré siempre contigo en tu alma, para serte maestra, modelo, ejemplo y Madre ternísima.

Vengo para invitarte a entrar en el Reino de tu Madre, o sea, en el Reino de la Divina Voluntad y llamo a la puerta de tu corazón para que me abras... ¿Sabes?, con mis propias manos te traigo como Don este libro, te lo ofrezco con ternura maternal, para que leyéndolo aprendas a vivir de cielo y no más de tierra.

Este libro es de oro, hija mía; él formará tu fortuna espiritual y aún tu felicidad terrena. En él hallarás la fuente de todos los bienes: si eres débil, obtendrás la fuerza; si eres tentada, obtendrás la victoria; si has caído en la culpa, encontrarás la mano piadosa y potente que te levantará; si te sientes afligida, encontrarás consuelo; si te sientes fría, el medio seguro para calentarte; si te sientes hambrienta, gustarás el alimento exquisito de la Divina Voluntad. Con él nada te faltará, jamás estarás sola, porque tu Madre te hará dulce compañía y con sus cuidados maternos se tomará el empeño de hacerte feliz. Yo, la Emperatriz Celestial, me ocuparé de todas tus necesidades, con tal de que tú aceptes vivir unida a mí.

¡Si conocieras mis ansias, mis ardientes suspiros, y también las lágrimas que derramo por mis hijos...! ¡Si supieras cómo ardo por el deseo de que escuches mis lecciones, todas ellas de cielo, y aprendas a vivir de Voluntad Divina...!

En este libro verás maravillas: encontrarás una Madre que te ama hasta el grado de sacrificar a su Hijo predilecto por ti, para poder hacerte vivir de aquella misma vida de la que ella misma vivió sobre la tierra.

¡Ah, no me des este dolor, no me rechaces, acepta este Don del cielo que te traigo, acoge mis visitas, mis lecciones!

Debes saber que yo recorreré todo el mundo, iré a visitar a cada individuo, a cada familia, a las comunidades religiosas, a cada nación, a todos los pueblos y, si es necesario recorreré todos los siglos, hasta que haya formado como Reina a mi pueblo y como Madre a mis hijos, los cuales conozcan y hagan reinar dondequiera la Divina Voluntad.

He aquí explicada la finalidad de este libro, aquellos que lo acojan con amor serán los primeros hijos afortunados que pertenecerán al Reino del *Fiat Divino* y yo, con caracteres de oro, escribiré sus nombres en mi Corazón materno.

Mira hija mía, ese mismo amor infinito de Dios, que en la redención quiso servirse de mí para hacer descender al Verbo Eterno sobre la tierra, me llama otra vez a poner manos a la obra y me confía la ardua tarea, el sublime mandato de formar sobre la tierra a los hijos del Reino de la Divina Voluntad. Con premura materna, pongo entones manos a la obra y te preparo el camino que ha de conducirte a este dichoso Reino.

Con esta finalidad te daré sublimes y celestiales lecciones, te enseñaré nuevas y especiales oraciones mediante las cuales comprometerás al cielo, al sol, a la creación entera, mi misma vida y la de mi Hijo y todos los actos de los Santos, para que en nombre tuyo, ellos imploren la venida del adorable Reino del Querer Divino.

Estas oraciones son las más potentes, porque comprometen el obrar mismo de Dios; por medio de ellas Dios se sentirá desarmado y vencido por la criatura; con la fuerza de esta ayuda apresurarás la venida de su dichosísimo Reino y junto conmigo obtendrás que la Divina Voluntad se haga *como en el cielo así en la tierra*, conforme al deseo del Divino Maestro.

¡Ánimo, hija mía!, compláceme y yo te bendeciré.

Oración a la Reina Celestial para cada día del mes

Reina Inmaculada, Celestial Madre mía,
vengo a tu regazo materno
para abandonarme, como tu querida hija,
entre tus brazos
y para pedirte con mis más ardientes suspiros
la más grande gracia:
que me admitas a vivir
en el Reino de la Divina Voluntad.

  Madre Santa,
tú que eres la Reina de este Reino,
admíteme a vivir en él como hija tuya,
para que ya no esté desierto,
sino poblado de hijos tuyos.

  Por eso, Reina Soberana,
en ti confío,
para que guíes mis pasos
en el Reino de la Divina Voluntad;
y estrechada a tu mano materna
guiarás todo mi ser
para que viva para siempre en la Divina Voluntad.

  Tú serás mi Madre y como a Madre mía
te confío mi voluntad,
para que me la cambies por la Divina
y así pueda estar segura de no salir de su Reino.

  Por eso, te ruego que me ilumines
para hacerme comprender que es lo que significa:

« Voluntad de Dios ». Ave María

Propósito del mes:

En la mañana, a medio día y en la noche, o sea, tres veces al día, apoyarse sobre las rodillas de nuestra Madre Celestial y decirle:

*« Madre mía, te amo y tú ámame,
hazle probar un poco de Voluntad de Dios
a mi alma y dame tu bendición
para que pueda hacer todas mis acciones
bajo tu mirada materna. »*

Día 1. La Reina del Cielo en el Reino de la Divina Voluntad. El primer paso de la Divina Voluntad en la Inmaculada Concepción de nuestra Madre Celestial.

El alma a su Reina Inmaculada

Oh Madre dulcísima, estoy aquí postrada ante ti. Hoy es el primer día del mes de mayo a ti consagrado, en el que todos tus hijos quieren ofrecerte sus flores, para darte una prueba de su amor y para hacer que tu amor se comprometa a amarlos. Te veo descender de la patria celestial rodeada de ejércitos de Ángeles, para recibir las hermosas rosas, las humildes violetas, los castos lirios de tus hijos y cambiárselos con tus sonrisas de amor, tus gracias y tus bendiciones, y estrechando en tu seno materno los dones de tus hijos, te los llevas al cielo, para conservárselos como garantía y corona de su amor para la hora de su muerte.

Madre Celestial, en medio de todos, yo que soy la más pequeña, la más necesitada de tus hijas, quiero venir a tu seno materno para traerte no flores y rosas, sino un sol cada día. Pero tú que eres Madre debes ayudarle a tu hija dándole tus lecciones de cielo, para que me enseñes a formar estos soles divinos y así yo pueda ofrecerte el homenaje más bello y el amor más puro.

Querida Madre mía, tú ya has entendido qué es lo que quiere tu hija: quiero que me enseñes a vivir de Voluntad Divina; y así, transformando mis actos y todo mi ser en Voluntad Divina conforme a tus enseñanzas, te llevaré cada día a tu seno materno todos mis actos transformados en soles.

Lección de la Reina del Cielo

Bendita hija mía, tu oración ha herido mi corazón materno atrayéndome del cielo; estoy ya junto a ti para darte mis lecciones todas ellas de cielo. Mírame, querida hija mía, miles de Ángeles me rodean y reverentes están todos a la expectativa para oírme hablar del *Fiat Divino*, del cual, yo más que todos, poseo su manantial y conozco sus admirables secretos, sus alegrías infinitas, su felicidad indescriptible y su valor incalculable. Oír que mi hija me llama porque quiere escuchar mis lecciones sobre la Divina Voluntad es para mí la fiesta más grande, la alegría más pura y si tú das oído a mis lecciones, sentiré la dicha de ser tu Madre.

¡Oh, cuánto anhelo tener una hija que quiera vivir sólo y únicamente de Voluntad Divina! Dime, hija mía, ¿me complacerás? ¿Pondrás tu corazón, tu voluntad, todo tu ser entre mis manos maternas, para que te prepare, te disponga, te fortifique, te vacíe de todo y así pueda llenarte totalmente de la luz de la Divina Voluntad y formar en ti su vida divina? Por eso, apoya tu cabeza sobre mi Corazón de Madre y escúchame con atención, para que mis sublimes lecciones hagan que te decidas a nunca hacer tu Voluntad, sino siempre y sólo la Voluntad de Dios.

Hija mía, escúchame, es mi Corazón de Madre que te ama tanto y que quiere desbordarse en ti. Tú debes saber que te tengo escrita en mi Corazón, y que te amo como verdadera hija mía; pero me duele mucho ver que no eres semejante a mí. ¿Sabes qué es lo que hace que seamos diferentes? Ah, es tu voluntad; es ella la que te quita la frescura de la gracia, la belleza que enamora a tu Creador, la fuerza que todo vence y soporta, el amor que todo lo consuma..., en fin, no es la misma Voluntad que anima a tu Madre Celestial.

Tú debes saber que yo conocí mi voluntad humana sólo para tenerla sacrificada como un homenaje a mi Creador: toda mi vida fue sólo de Voluntad Divina. Desde el primer instante de mi concepción fui plasmada, calentada y puesta en su luz, y con su potencia divina purificó mi germen humano, de modo que quedé concebida sin la mancha original. Mi concepción fue sin mancha, fue tan gloriosa que formó el honor de la Divina Familia, y esto solamente porque el Fiat omnipotente se desbordó sobre mi germen humano; de modo que fui concebida pura y santa. Si el Querer Divino no se hubiera desbordado sobre mi germen más que una tierna madre para impedir los efectos del pecado original, me habría tocado la misma triste suerte que a las demás criaturas de ser concebida con el pecado original; por eso, la causa primera de mi Concepción Inmaculada fue sólo y únicamente la Divina Voluntad. A ella sea todo el honor, la gloria y el agradecimiento por haber sido concebida sin la mancha original.

Hija de mi Corazón, escucha a tu Madre, haz a un lado tu voluntad humana y antes de concederle un solo acto de vida prefiere la muerte; yo habría preferido morir mil y mil veces antes de hacer un solo acto de mi voluntad. ¿No quieres, pues, imitarme? Ah, si tú mantienes sacrificada tu voluntad en honor a tu Creador, la Divina Voluntad dará el primer paso en tu alma y te sentirás plasmada de un aura celestial, purificada y calentada; sentirás anulados los gérmenes de tus pasiones y te sentirás ya en los primeros pasos del Reino de la Divina Voluntad.

Por eso, pon mucha atención; si tú me escuchas fielmente, yo te guiaré y te llevaré de la mano por los interminables caminos del *Fiat Divino*, te defenderé bajo mi manto azul y serás mi honor, mi gloria y tanto mi victoria como la tuya.

El alma

Virgen Inmaculada, tómame sobre tu regazo materno y sé para mí Madre; con tus santas manos toma posesión de mi voluntad, purifícala, plásmala y caliéntala al contacto de tus dedos maternos; enséñame a vivir sólo y únicamente de Voluntad Divina.

Propósito: Hoy, para honrarme, desde la mañana y durante todo el día me darás tu voluntad en todos tus actos y la pondrás entre mis manos diciéndome: « *Madre mía, ofrécele tú misma a mi Creador el sacrificio de mi voluntad* »

Jaculatoria: « *Madre mía, encierra la Divina Voluntad en mi alma, para que tome su primer lugar y forme ahí su trono y su morada* ».

Día 2. El segundo paso de la Divina Voluntad en la Reina del Cielo. La primera sonrisa de la Sacrosanta Trinidad por la Inmaculada Concepción.

El alma a la Virgen Santísima

Aquí estoy de nuevo sobre tus rodillas maternas, para escuchar tus lecciones, Madre Celestial; a tu potencia se encomienda esta pobre hija tuya; soy demasiado pobre, lo sé, pero también sé que tú me amas cual Madre mía que eres y esto me basta para arrojarme a tus brazos; teniendo tú compasión de mí y abriendo los oídos de mi corazón me harás escuchar tu dulcísima voz para darme tus sublimes lecciones. Tú, Madre Santa, purificarás mi corazón con el toque de tus dedos maternos, para que en él encierres el rocío celestial de tus enseñanzas celestiales.

Lección de la Reina del Cielo

Hija mía, escúchame; si tu supieras cuánto te amo, tendrías más confianza en mí y no dejarías que se te escapara ni una sola de mis palabras. Debes saber que no sólo te tengo escrita en mi Corazón, sino que dentro de este Corazón mío tengo una fibra materna que me hace amar más que una madre a mi hija. Quiero hacerte escuchar el gran prodigio que obró el Fiat Supremo en mí, para que tú, imitándome, puedas darme el gran honor de ser mi hija reina. ¡Cómo anhela mi corazón ahogado de amor, tener a mi alrededor, este noble ejército de almas reinas!

Así pues, escúchame, querida hija mía; en cuanto el *Fiat Divino* se desbordó sobre mi germen humano para impedir los tristes efectos de la culpa, la Divinidad sonrió y se puso de fiesta al ver en mi germen, aquél mismo germen humano puro y santo, tal como salió de sus manos creadoras en la creación del hombre. Y el *Fiat Divino* realizó su segundo paso en mí llevando mi germen humano, ya purificado y santificado por él mismo, ante la Divinidad, para que se desbordara a torrentes sobre mi pequeñez en el acto de ser concebida; la Divinidad descubriendo en mí la belleza y la pureza de su obra creadora, sonrió complacida, y queriendo festejarme, el Padre Celestial derramó en mí mares de potencia, el Hijo mares de sabiduría y el Espíritu Santo mares de amor.

Así que yo quedé concebida en la luz interminable de la Divina Voluntad, y en medio de estos mares divinos que mi pequeñez no podía contener, yo formaba, para corresponderles, olas altísimas como homenaje de amor y gloria al Padre, al Hijo y al Espíritu Santo.

La Santísima Trinidad tenía puesta toda su atención sobre mí y para no dejarse vencer por mi amor, sonriéndome y acariciándome, me mandaba otros mares, los cuales me embellecían tanto que, apenas fue formada mi pequeña humanidad, adquirí la virtud de extasiar a mi Creador. Y verdaderamente se dejaba extasiar por mí, tanto estábamos siempre de fiesta, jamás nos negamos nada recíprocamente; yo nunca le negué nada a él y él a mí tampoco. Pero ¿sabes quién me animaba con esta fuerza arrebatadora? La Divina Voluntad; ella, como vida, reinaba en mí, por eso la fuerza del Ser Supremo era mía, por lo que teníamos la misma fuerza para extasiarnos el uno al otro.

Hija mía, escucha a tu Madre: yo te amo mucho y quisiera ver tu alma llena de mis mismos mares. Estos mares míos están crecidos y quieren desbordarse, pero para poder hacerlo debes vaciarte de tu voluntad, para que la Divina Voluntad pueda realizar su segundo paso en ti; así, constituyéndose principio de vida en tu alma, podrás llamar la atención del Padre Celestial, del Hijo y del Espíritu Santo, para que derramen en ti sus mares rebosantes; pero para poder hacerlo, quieren hallar en ti su misma Voluntad, porque no quieren confiarle a tu voluntad humana sus mares de potencia, de sabiduría, de amor y de belleza indescriptibles.

Queridísima hija mía, escucha a tu Madre, pon la mano sobre tu corazón, cuéntame tus secretos; dime ¿cuántas veces te has sentido infeliz, torturada y amargada por haber hecho tu voluntad? Es porque has hecho a un lado a la Divina Voluntad cayendo en el laberinto de todos los males. La Divina Voluntad quería hacerte pura y santa, feliz y bella de una belleza encantadora, y tú en cambio haciendo tu voluntad le has hecho la guerra y a pesar de su dolor la has arrojado de su amada habitación, es decir, de tu alma.

Hija de mi Corazón, escucha, esto le duele mucho a tu Madre, que no ve en ti el sol del *Fiat Divino,* sino las densas tinieblas de la noche de tu voluntad humana. Pero ánimo, ten valor, si tú me prometes que pondrás tu voluntad en mis manos, yo, tu Madre Celestial, te tomaré entre mis brazos, te pondré sobre mi regazo materno y ordenaré nuevamente en ti la vida de la Divina Voluntad; y después de haber derramado tantas lágrimas, también tú me harás sonreír y festejar, como también a la Sacrosanta Trinidad.

El alma

Celestial Madre mía, si tanto me amas, te ruego que no vayas a permitir que yo me baje de tu regazo materno; cuando veas que esté a punto de hacer mi voluntad, vigila mi pobre alma y encerrándome en tu Corazón, con la fuerza de tu amor quema mi voluntad, así haré que tus lágrimas se transformen en sonrisas de complacencia.

Propósito: Hoy, para honrarme, vendrás tres veces a mis rodillas maternas para entregarme tu voluntad diciéndome: « *Madre mía, esta voluntad mía quiero que sea tuya, para que me la cambies con la Divina Voluntad* »

Jaculatoria: « *Reina Soberana, con tu imperio divino aniquila mi voluntad, para que brote en mí el germen de la Divina Voluntad* ».

Día 3. El tercer paso de la Divina Voluntad en la Reina del Cielo. La sonrisa de toda la creación por la concepción de la niña celestial.

El alma a la Virgen

Madre mía, esta pequeña hija tuya, extasiada por tus lecciones celestiales, siente la extrema necesidad de venir cada día a sentarse sobre tus rodillas maternas para escucharte y poner en su corazón tus enseñanzas maternas. Tu amor, el dulce encanto de tu voz, el sentirme estrechada a tu Corazón entre tus brazos me infunde valor y confianza y la seguridad de que tú, Madre mía, me concederás la inmensa gracia de hacerme comprender el gran mal que puede hacer mi voluntad, para hacerme vivir de Voluntad Divina.

Lección de la Reina del Cielo

Hija mía, escúchame, es mi Corazón de Madre el que te habla; apenas veo que quieres escucharme, mi Corazón se llena de gozo y siente la esperanza cierta de que mi hija llegará a tomar posesión del Reino de la Divina Voluntad que tengo en mi Corazón materno para dárselo a mis hijos. Es por eso que debes poner mucha atención en escucharme; escribe todas mis palabras en tu corazón para que permanezcan siempre en él y modeles tu vida conforme a mis enseñanzas.

Hija mía, en cuanto la Divinidad sonrió y festejó mi concepción, el *Fiat Supremo* realizó el tercer paso en mi pequeña humanidad y ya desde pequeñita me dotó de razón divina; poniéndose de fiesta toda la creación, hizo que todas las cosas creadas me reconocieran como Reina.

Reconocieron en mí la vida de la Divina Voluntad y todo el universo se postró a mis pies, aunque yo todavía era muy pequeñita y aún no había nacido. Y cantándome himnos el sol me festejó y me sonrió con su luz; el cielo me festejó con sus estrellas y, sonriéndome con su manso y dulce resplandor, se ofreció a ser corona resplandeciente sobre mi cabeza; el mar también me festejaba con sus olas, que se elevaban y se abajaban pacíficamente; en fin, no hubo cosa creada que no se haya unido a las sonrisas y a la fiesta de la Sacrosanta Trinidad por mi Inmaculada Concepción. Todos aceptaron mi dominio, mi imperio, mi autoridad y se sintieron honrados, —después de tantos siglos desde cuando Adán perdió su autoridad y dominio de rey al apartarse de la Divina Voluntad—, de poder hallar en mí a su Reina y toda la creación me proclamó:

« Reina del Cielo y de la Tierra »

Mi querida hija, tú debes saber que la Divina Voluntad, cuando reina en el alma, no sabe hacer cosas pequeñas sino grandes; ella quiere concentrar en la afortunada criatura todas sus prerrogativas divinas, así que todo lo que ha salido de su Fiat omnipotente, la rodea y permanece obediente a sus órdenes. ¿Qué es lo que no me dio el *Fiat Divino*? Me dio todo; el cielo y la tierra estaban en mi poder, me sentía dominadora de todo y hasta de quien me creó.

Hija mía, escucha a tu Madre. ¡Oh, cómo me duele el corazón al verte débil, pobre y sin el verdadero dominio de ti misma! Te domina el temor, la duda, los celos, todos ellos miserables andrajos de tu voluntad humana. Pero, ¿sabes por qué? Porque la vida de la Divina Voluntad no es íntegra en ti, esa vida que haciendo huir a todos los males de la voluntad humana puede hacerte feliz y llenarte de todos los bienes que posee.

Ah, si tú con un firme propósito te decides a nunca más volver a darle vida a tu voluntad, sentirás morir en ti todos los males y revivir todos los bienes. Entonces sí que todo te sonreirá; la Divina Voluntad realizará también en ti su tercer paso y la creación entera festejará a la recién llegada al Reino de la Divina Voluntad. Entonces, hija mía, dime, ¿me escucharás? ¿me das tu palabra de que nunca, nunca más volverás a hacer tu voluntad? Debes saber que si cumples con tu palabra, yo jamás te dejaré; me pondré al cuidado de tu alma, te envolveré en mi luz para que nadie ose molestar a mi hija y te daré mi dominio para que tú puedas dominar todos los males de tu voluntad humana.

El alma

Madre Celestial, tus lecciones penetran en mi corazón y lo llenan de un bálsamo celestial; te doy gracias por humillarte tanto hacia mí, pobrecilla. Pero escucha, oh Madre mía, tengo miedo de mí misma, pero si tú quieres todo lo puedes y yo contigo todo lo puedo, me abandono como una pequeña niña entre tus brazos de Madre, pues estoy segura que de este modo apagaré tus ardientes ansias materna.

Propósito: Hoy, para honrarme, mirarás el cielo, el sol, la tierra y uniéndote a todos recitarás tres veces el « Gloria al Padre » para darle gracias a Dios por haberme constituido Reina de todos.

Jaculatoria: « *Reina potente, domina mi voluntad para convertirla en Voluntad Divina.* »

Día 4. El cuarto paso de la Divina Voluntad en la Reina del Cielo: La prueba.

El alma a la Virgen Santísima

Aquí estoy una vez más, sobre las rodillas maternas de mi querida Madre Celestial. Mi corazón late fuertemente; estoy delirando de amor por el deseo de escuchar tus hermosas lecciones, por eso, dame la mano y tómame entre tus brazos. En tus brazos paso momentos de paraíso, me siento feliz. ¡Oh, cuánto anhelo escuchar tu voz! Una nueva vida penetra en mi corazón! Así pues, háblame y yo te prometo que pondré en práctica tus santas enseñanzas.

Lección de la Reina del Cielo

Hija mía, ¡si tú supieras cuánto anhelo tenerte entre mis brazos apoyada sobre mi Corazón materno, para hacerte escuchar los misterios celestiales del *Fiat Divino*! Si tú tanto suspiras por escucharme, son mis suspiros que hacen eco en tu corazón, es tu Madre que te quiere y que quiere confiarte sus secretos y narrarte la historia de todo lo que hizo en mí la Divina Voluntad.

Hija de mi Corazón, préstame atención, es mi Corazón de Madre que quiere desahogarse con su hija: revelarte contarte mis secretos que hasta ahora no habían sido revelados a nadie, porque aún no había llegado la hora de Dios, que con tanta generosidad quiere darle a la criatura gracias sorprendentes, tales que en toda la historia del mundo jamás había concedido.

Hija mía, ya sabes cómo apenas fui concebida puse de fiesta a la Divinidad, cielos y tierra me festejaron y me reconocieron como Reina suya. Yo quedé talmente fundida en mi Creador, que me sentí dueña de los dominios divinos. Ya desde entonces no supe qué cosa era estar separada de mi Creador; la misma Voluntad Divina que reinaba en mí reinaba en ellos (las tres Divinas Personas) y nos hacía ser inseparables.

Pero mientras todo era alegría entre nosotros yo me daba cuenta de que no se podían fiar de mí si no tenían una prueba. Hija mía, la prueba es la bandera que canta victoria; la prueba pone al seguro los bienes que Dios nos quiere dar; la prueba madura y dispone al alma a realizar grandes conquistas. Yo misma me daba cuenta de que era necesaria esta prueba, porque quería darle a mi Creador un acto de fidelidad que me costara el sacrificio de toda mi vida, para corresponderle por los tantos mares de gracia que me había dado. Qué bello es poder decir: «*¡Tú me has amado y yo te he amado!*» Pero sin una prueba jamás se podría decir.

Ahora bien, debes saber, hija mía, que el *Fiat Divino* me dio a conocer la creación del hombre inocente y santo. También para él todo era felicidad; poseía el dominio sobre toda la creación, todos los elementos obedecían a sus órdenes, y puesto que en Adán reinaba la Divina Voluntad, en virtud de ella también él era inseparable de su Creador. Habiéndole dado Dios tantos bienes a Adán, para obtener de él un acto de fidelidad, le ordenó que de los tantos y diferentes frutos que había en el paraíso terrenal, solamente de uno de ellos no tomara. Era la prueba que Dios quería de él para confirmar su inocencia, su santidad, su felicidad y para darle el derecho de dominar sobre toda la creación. Pero Adán no se mantuvo fiel en la prueba y no siendo fiel, Dios no pudo fiarse de él y por eso perdió el dominio, la inocencia, la felicidad y se puede decir que trastornó la obra de la creación.

Así que al conocer los grandes males que causó la voluntad humana en Adán y en toda su descendencia, aunque yo apenas había sido concebida, lloré amargamente y con sentidas lágrimas sobre el hombre caído; y el [i]Fiat[-i] Divino al verme llorar me pidió como prueba que le diera mi voluntad humana. Me dijo:

« *No te pido un fruto como se lo pedí a Adán, no, te pido más bien tu voluntad. Tú la tendrás como si no la tuvieras, bajo el dominio de mi Voluntad Divina que será tu vida y así se sentirá segura para poder hacer contigo todo lo que quiere.* »

De este modo el *Fiat Supremo* realizó su cuarto paso en mi alma, pidiéndome como prueba mi voluntad, esperando que yo le diera mi Fiat y que aceptara la prueba que quería de mí.

Te espero mañana de nuevo sobre mi regazo materno para darte a conocer el éxito de la prueba; y puesto que quiero que imites a tu Madre, te ruego, cual Madre tuya, que nunca le niegues nada a Dios, aunque te llegue a pedir sacrificios que llegaran a durar toda tu vida. El que te mantengas fiel e inmutable en la prueba que Dios te pide hace que atraigas sobre ti los designios divinos y que se reflejen en ti sus virtudes, que como si fueran pinceles hacen del alma la obra maestra del Ser Supremo. Sí, bien se puede decir que la prueba es la materia prima que en las manos divinas sirve para realizar su obra en la criatura. Porque Dios no sabe qué hacer con quien no se mantiene fiel en la prueba, además de que llega hasta trastornar las obras más bellas de su Creador.
Por eso, querida hija mía, está siempre atenta; si te mantienes fiel en la prueba harás feliz a tu Madre. No me hagas estar con la preocupación. Dame tu palabra y yo te guiaré y te sostendré en todo como a hija mía.

El alma

Madre Santa, conozco mi debilidad, pero tu materna bondad me infunde tanta confianza que todo espero de ti y contigo me siento más segura; más aún, en tus manos maternas pongo las pruebas mismas que Dios dispondrá para mí para que me des todas las gracias que necesito para que yo no vaya a destruir los designios divinos.

Propósito: Hoy, para honrarme, vendrás tres veces sobre mis rodillas maternas y me traerás todas tus penas del alma y del cuerpo, las traerás todas a tu Madre y yo te las bendeciré para infundir en ellas la fuerza, la luz y la gracia que necesitas.

Jaculatoria: « *Madre Celestial, tómame entre tus brazos y escribe en mi corazón: Fiat! Fiat! Fiat!* »

Día 5. El quinto paso de la Divina Voluntad en la Reina del Cielo. El triunfo en la prueba.

El alma a la Virgen Santísima

Soberana Celestial, ya veo que alargas tus manos para tomarme entre tus brazos y ponerme sobre tus rodillas maternas y yo corro, es más, vuelo, para gozar de los castos abrazos y de las sonrisas celestiales de mi Madre Celestial. Madre Santa, hoy tu aspecto es triunfal y con aire victorioso quieres narrarme el triunfo que obtuviste sobre la prueba. Ah, sí, te escucharé de buena gana y te ruego también que me des la gracia de que yo sepa triunfar en las pruebas que el Señor dispondrá para mí.

Lección de la Reina del Cielo

Queridísima hija mía, ¡oh, cuánto anhelo poder confiarte mis secretos! Estos secretos me darán mucha gloria y sobre todo glorificarán al *Fiat Divino*, quien fue la causa primera de mi Inmaculada Concepción, de mi santidad, de mi Soberanía y de mi maternidad; todo se lo debo al *Fiat Divino*, yo no conozco otra cosa. Todas las sublimes prerrogativas con las que la Santa Iglesia tanto me honra, no son más que los efectos de la Divina Voluntad que dominaba, reinaba y vivía en mí. Es por eso que tanto suspiro que se conozca a quien producía en mí tantos privilegios y tan admirables efectos que sorprendieron cielos y tierra.

Hija mía, cuando el Ser Supremo me pidió mi voluntad humana comprendí el gran mal que la voluntad humana puede hacer en la criatura, y cómo todo lo pone en peligro, incluso hasta las obras más bellas de su Creador.

La criatura con su voluntad humana es voluble, es débil, inconstante, desordenada. Y todo esto porque Dios, cuando la creó, la creó unida por naturaleza a su Voluntad Divina, de modo que ella debería ser la fuerza, el movimiento primero, el sostén, el alimento, la vida de la voluntad humana. No dándole vida a la Voluntad Divina en la nuestra, rechazamos los bienes recibidos en la creación y los derechos que recibimos por naturaleza en el acto en que fuimos creados.

¡Oh, qué bien pude comprender la ofensa tan grave que se le hace a Dios y los males que llueven sobre la criatura a causa de la voluntad humana! ¡Me dio mucho miedo y horror de hacer mi voluntad! Y justamente temía, porque también Adán fue creado inocente por Dios, sin embargo haciendo su voluntad, ¿en cuántos males no precipitó él y todas las generaciones humanas?

Por eso, yo, tu Madre, aterrorizada, pero sobre todo por amor hacia mi Creador, juré jamás hacer mi voluntad; y para poder estar más segura y confirmar mayormente mi sacrificio a quien tantos mares de gracias y privilegios me había dado, tomé mi voluntad humana y la até a los pies del trono divino, como un incesante homenaje de amor y de sacrificio, jurando que no me serviría jamás ni por un solo instante de mi vida; de mi voluntad; sino solo y siempre de la Voluntad de Dios. Hija mía, quizá a ti no te parecerá muy grande el sacrificio que hice de vivir sin mi voluntad, mas yo te digo que no existe sacrificio alguno que pueda igualarse al mío, es más, comparados con el mío se les puede llamar sombras a todos los demás sacrificios de toda la historia del mundo; porque sacrificarse un día sí y un día no, es fácil, pero sacrificarse a cada instante, en cada acto, en el bien mismo que se quiere hacer y por toda la vida, sin darle vida a la propia voluntad, éste es el sacrificio de los sacrificios; es el testimonio más grande que se le puede ofrecer a nuestro Creador , el amor más puro, aquilatado por su misma Voluntad Divina.

Es tan grande este sacrificio que Dios mismo no puede pedirle más a la criatura, como tampoco la criatura puede llegar a encontrar como poder sacrificarse más por su Creador.

Así pues, querida hija mía, apenas le entregué mi voluntad a mi Creador sentí que había triunfado en la prueba que se me pidió y Dios se sintió triunfante en mi voluntad. El esperaba mi prueba; es decir, esperaba que un alma viviera sin voluntad, para poder saldar la deuda del género humano, para poder revestirse de clemencia y misericordia. Por eso, te espero mañana de nuevo, para narrarte la historia de lo que hizo la Divina Voluntad después del triunfo que obtuve sobre la prueba.

Y ahora, una palabra a ti, hija mía: ¡Si tú supieras cómo suspiro por verte vivir sin tu voluntad! Tú sabes que soy tu Madre y como Madre quiero ver feliz a mi hija; pero, ¿cómo puedes ser feliz si no te decides a vivir sin tu voluntad como yo? Si lo haces, yo te daré todo, me pondré a tu disposición, seré toda tuya, con tal de llegar a obtener el gran bien, la alegría, la felicidad de tener una hija que viva totalmente de Voluntad Divina.

El alma

Soberana victoriosa, en tus manos de Madre pongo mi voluntad para que tú misma, cual Madre mía, me la purifiques y la embellezcas, y que junto con la tuya la ates a los pies del trono divino para que pueda vivir ya no con mi voluntad, sino siempre, siempre con la Voluntad de Dios.

Propósito: Hoy, para honrarme, en cada acto que hagas pondrás en mis manos maternas tu voluntad, pidiéndome que en lugar de la tuya yo haga actuar la Divina Voluntad.

Jaculatoria: « *Reina victoriosa, róbame mi voluntad y concédeme la Voluntad Divina.* »

Día 6. El sexto paso de la Divina Voluntad en la Reina del Cielo: después del triunfo en la prueba, la toma de posesión.

El alma a la Virgen Santísima

Madre mía, veo que ya me estás esperando otra vez y extendiendo tus manos me pones sobre tus rodillas y me estrechas a tu Corazón para hacerme sentir la vida del *Fiat Divino* que tú posees. ¡Oh, qué refrescante es su calor! ¡Qué penetrante su luz! Oh Madre Santa, si tanto me amas sumerge el pequeño átomo de mi alma en el sol de la Divina Voluntad que tú escondes, para que también yo pueda decir: «*¡Mi voluntad ha llegado a su fin, ya no volverá a tener vida; de ahora en adelante mi vida será la Voluntad Divina!*»

Lección de la Reina del Cielo

Querida hija mía, fíate de tu Madre y presta atención a mis lecciones; ellas te servirán para hacer que aborrezcas tu voluntad y para que anheles llegar a poseer el *Fiat Divino*, cuya vida tanto deseo formar en ti.

Hija mía, tú debes saber que la Divinidad se aseguró de mi fidelidad con la prueba que me pidió, sin embargo se cree que yo no pasé ninguna prueba y que le bastaba a Dios hacer el gran portento que hizo conmigo, para que yo fuera concebida sin la mancha del pecado original. ¡Oh, cómo se engañan! Al contrario, a mí me pidió una prueba que no le ha pedido a nadie; esto lo hizo con justicia y con suma sabiduría, puesto que el Verbo Eterno debía encarnarse en mí y no sólo era decoroso que no encontrara en mí la mancha original, sino que tampoco era decoroso que encontrara en mí una voluntad humana operante.

Hubiera sido demasiado repugnante para Dios descender en una criatura en la que reinara la voluntad humana. Es por eso que quiso poner a prueba, y durante toda mi vida, mi voluntad, para asegurar en mi alma el Reino de la Divina Voluntad. Asegurando su dominio sobre mí, Dios podía entonces hacer conmigo lo que quería, podía darme todo y bien puedo decir que nada podía negarme.

Regresemos por ahora al punto donde nos habíamos quedado. Durante el transcurso de mis lecciones te narraré lo que la Divina Voluntad hizo en mí.

Ahora escucha, hija mía; después del triunfo sobre la prueba, el *Fiat Divino* realizó su sexto paso en mi alma haciéndome tomar posesión de todas las propiedades divinas, por cuanto es posible e imaginable a una criatura. Todo era mío: el cielo, la tierra y hasta Dios mismo, de quien poseía su misma Voluntad. Yo me sentía dueña de su Voluntad Divina, de su santidad, de su amor, de su belleza, de su potencia, de su sabiduría y de su bondad divina. Me sentía Reina de todo; no me sentía como una extraña en la casa de mi Padre Celestial, disfrutaba de su paternidad y de la suprema felicidad de ser su hija fiel; puedo decir que crecí sobre sus rodillas paternas; yo no conocí otro amor, ni otra ciencia que la que me suministraba mi Creador.

¿Quién pudiera decirte todo lo que hizo en mí la Divina Voluntad? Me elevó a tales alturas y me embelleció tanto, que hasta los mismos Ángeles enmudecen y no saben cómo exaltar tanta grandeza. Amadísima hija mía, tú debes saber que cuando el *Fiat Divino* me hizo tomar posesión de todo, me sentí dueña de todo y de todos. La Divina Voluntad con su potencia, su inmensidad y su omnividencia encerraba en mi alma a todas las criaturas y Amadísima hija mía, tú debes saber que cuando el *Fiat Divino* me hizo tomar posesión de todo, me sentí dueña de todo y de todos.

Amadísima hija mía, tú debes saber que cuando el *Fiat Divino* me hizo tomar posesión de todo, me sentí dueña de todo y de todos. La Divina Voluntad con su potencia, su inmensidad y su omnividencia encerraba en mi alma a todas las criaturas y dentro de mi Corazón yo sentía un lugarcito para cada una de ellas. Ya desde que fui concebida yo te llevaba en mi Corazón y ¡oh, cuánto te amé! Te amé tanto que, cual Madre tuya ante Dios, mis oraciones y mis suspiros eran por ti y en el delirio de mi maternidad decía: « *¡Oh, cómo quisiera ver a mi hija dueña de todo como yo!* »

Por eso, escucha a tu Madre, nunca más vuelvas a querer reconocer tu voluntad humana. Si haces lo que te digo, entre tú y yo todo será en común. Tendrás en tu poder una fuerza divina; todo se convertirá en santidad, en amor y en belleza divina para ti. Y en el exceso de mi amor, así como me proclamó el Altísimo:« *¡Toda bella, toda santa, toda pura eres tú, oh María!* », también yo diré: « *¡Bella, pura y santa es mi hija, porque posee la Divina Voluntad!* »

El alma

Reina del Cielo, también yo exclamo: « *¡Toda bella, pura y santa es mi Madre Celestial!* » ¡Oh, te lo suplico, Madre mía, si tienes un lugar en tu Corazón materno para mí, enciérrame en él! Así podré estar segura de que jamás volveré a hacer mi voluntad, sino siempre la de Dios, de modo que tanto tú, Madre mía, como yo, tu hija, seremos felices.

Propósito: Hoy, para honrarme, recitarás por tres veces tres « Gloria al Padre », para darle gracias a la Santísima Trinidad por haber establecido en mí el Reino de la Divina Voluntad, dándome la posesión de todo; y haciendo tuyas las palabras del Ser Supremo, en cada « Gloria al Padre » me dirás: « *¡Toda bella, toda pura y toda santa es mi Madre!* »

Jaculatoria: « *¡Reina del Cielo, haz que la Divina Voluntad tome posesión de mí.* »

Día 7. La Reina del Cielo en el Reino de la Divina Voluntad toma el cetro de dominio y es constituida Secretaria de la Sacrosanta Trinidad.

El alma a la Divina Secretaria

Madre mía, estoy aquí postrada a tus pies, siento que no puedo vivir sin ti, y aunque hoy vienes a mí con la gloria del cetro de dominio y con tu corona de Reina, sigues siendo siempre mi Madre, y aunque temblando, me arrojo confiada a tus brazos para que me sanes las heridas que la maldad de mi voluntad humana le ha hecho a mi pobre alma.

Escucha Madre Soberana, si tú no haces un prodigio, si no tomas tu cetro de dominio para guiarme y mantener todos mis actos bajo tu dominio y hacer que mi voluntad ya no tenga vida, ¡ay! yo no podré llegar a tener la hermosa suerte de vivir en el Reino de la Divina Voluntad.

Lección de la Reina del Cielo

Querida hija mía, ven a los brazos de tu Madre, escúchame con atención y verás los inauditos prodigios que el *Fiat Divino* hizo en tu Madre Celestial.

Cuando tomé posesión del Reino de la Divina Voluntad terminaron sus pasos en mí. Estos seis pasos simbolizan los seis días de la creación; cada día daba un nuevo paso pronunciando su Fiat para crear siempre algo nuevo; el sexto día realizó el último paso diciendo: « *Fiat! ¡Hagamos al hombre a imagen y semejanza nuestra!* »

Y el séptimo día descansó en sus obras, como queriéndose gozar todo lo que con tanta magnificencia había creado. Y Dios, en su reposo, al ver todas sus obras decía: « *¡Qué hermosas son mis obras! ¡Todo es orden y armonía!* » Y posando su mirada en el hombre, en un ímpetu de su amor, exclamó: « *¡Pero mi obra más hermosa eres tú; tú eres la corona de toda la creación!* »

Ahora bien, Dios, al crearme, superó todos los prodigios de la creación y por eso la Divinidad quiso hacer con su [i]Fiat[-i] Divino seis pasos en mí, dando así inicio a su vida plena, total y perfecta en mi alma, y ¡oh, a qué alturas divinas me elevó el Altísimo! Los cielos no podían alcanzarme ni contenerme; la luz del sol era poca comparada con la mía; ninguna cosa creada podía elevarse hasta donde yo me encontraba; yo recorría los mares divinos como si fueran míos; mi Padre Celestial, el Hijo y el Espíritu Santo suspiraban por tenerme entre sus brazos para gozarse a su pequeña hija. ¡Oh, qué alegría yo sentía al ver que cuando amaba, rogaba y adoraba su majestad suprema; mi amor, mi oración y mi adoración salían del centro de la Divina Voluntad que yo poseía en mi alma! Sentía salir de mí olas de amor divino, castos perfumes, alegrías insólitas, que partían del cielo que su misma Voluntad Divina había formado en mi pequeñez, tanto así que no cesaban de repetir:

« *¡Toda bella, toda pura, toda santa es nuestra pequeña hija! Sus palabras son cadenas que nos atan, sus miradas dardos que nos hieren, sus latidos flechas que traspasándonos nos hacen delirar de amor!* »

Sentían salir de mí la potencia y la fortaleza de su Voluntad Divina, que nos hacía inseparables; y me llamaban: « *Hija invencible, tú obtendrás victoria hasta sobre nuestro Ser Divino.* »

Ahora escúchame, hija mía, la Divinidad en un exceso de su amor por mí, me dijo:

« Querida hija nuestra, nuestro amor ya no soporta y se sentiría como sofocado si no te confiáramos nuestros secretos. Por eso, te nombramos Secretaria nuestra. A ti te queremos confiar nuestros secretos. Queremos salvar al hombre a cualquier precio, su voluntad rebelde lo arrastra continuamente hacia el mal; sin la vida, la fuerza y el apoyo de nuestra Voluntad Divina se ha apartado del camino de su Creador y camina arrastrándose por tierra, débil, enfermo, lleno de todos los vicios. »

« No existe remedio alguno para poder salvarlo y no queda otra salida: el Verbo Eterno debe venir a la tierra, debe tomar sus despojos, sus miserias, sus pecados sobre sí, debe hacerse su hermano y así vencerlo a fuerza de amor y de penas inauditas e infundirle tanta confianza que podamos conducirlo de nuevo a nuestros brazos paternos. ¡Oh, cómo nos duele la suerte del hombre! Nuestro dolor es grandísimo y no podíamos confiárselo a nadie, porque no teniendo una Voluntad Divina que los dominara, jamás habrían podido comprender nuestro dolor y los graves males del hombre caído en el pecado. »

« A ti que posees nuestro Fiat Divino te es dado el poder comprenderlo, por eso, como a Secretaria nuestra queremos revelarte nuestros secretos y poner en tus manos el cetro de dominio, para que domines y gobiernes sobre todo, y que tu dominio obtenga victoria sobre nosotros y sobre el hombre, para que en tu Corazón materno nos los traigas como hijos regenerados. »

¿Quién pudiera decirte, hija mía, lo que sintió mi Corazón ante este modo de hablar de Dios? Se abrió en mí una vena de intenso dolor y me propuse, aún a costa de mi vida, vencer a Dios y a las criaturas y volver a unirlos.

Hija mía, escucha a tu Madre, me he dado cuenta de que te has quedado sorprendida al oírme narrar la historia de la toma de posesión del Reino de la Divina Voluntad. Tú debes saber que también a ti te es dada mi misma suerte; si te decides a nunca más volver a hacer tu voluntad, la Divina Voluntad formará su cielo en tu alma, sentirás la inseparabilidad divina, te será dado el cetro de dominio sobre ti misma y sobre tus pasiones; no volverás a ser esclava de ti misma, porque la voluntad humana es la única que puede esclavizar a la pobre criatura, la única que le corta las alas del amor para amar a quien la creó, le quita las fuerzas, el apoyo y la confianza de arrojarse a los brazos de su Padre Celestial, de modo que no puede conocer ni sus secretos, ni el gran amor con que él la ama, y por eso vive como una extraña en la casa de su Divino Padre. ¡Oh, cuánto se aleja la criatura de su Creador a causa de la voluntad humana!

Por eso, escúchame, hazme feliz, dime que jamás le volverás a dar vida a tu voluntad y yo te llenaré totalmente de Voluntad Divina.

Propósito: Hoy, para honrarme, te mantendrás bajo mi manto para que te enseñe a vivir bajo mi mirada y recitando tres veces el « Ave María », me pedirás que les dé a conocer a todos la Divina Voluntad.

Jaculatoria: « Madre Santa, enciérrame en tu Corazón para que aprenda de ti a vivir de Voluntad Divina. »

Día 8. La Reina del Cielo en el Reino de la Divina Voluntad recibe de su Creador la orden de poner a salvo la suerte del género humano.

El alma a la Divina Soberana

Ya estoy aquí junto a ti, Madre Celestial, y siento que no puedo estar sin ti; mi pobre corazón está inquieto y no puede encontrar paz sino hasta que se halla en tu seno como una pequeñita estrechada a tu Corazón para escuchar tus lecciones. El tono de tu voz endulza todas mis amarguras, ata dulcemente mi voluntad y poniéndola como escabel bajo la Divina Voluntad me hace sentir su dulce imperio, su vida y su felicidad.

Lección de la Soberana Celestial

Querida hija mía, mi amor por ti es inmenso, ten confianza en tu Madre y así podrás estar segura de obtener victoria sobre tu voluntad. Si tú me eres fiel, yo me comprometeré totalmente contigo y seré una verdadera Madre para ti. Por eso, oye bien lo que hice por ti ante el Altísimo.

Yo no sabía hacer otra cosa que estar siempre sobre las rodillas de mi Padre Celestial; todavía estaba muy pequeña, aún no nacía, pero la Divina Voluntad, de la cual yo poseía su vida, hacía que fueran posibles las visitas que yo le hacía a mi Creador; todas las puertas y todos los caminos estaban totalmente abiertos para mí y yo no tenía miedo o temor alguno de ellos. La voluntad humana es la única que puede provocar miedo, temor y desconfianza y es la única que puede alejar a la criatura de quien tanto la ama y que tanto quiere estar rodeado por sus hijos.

De manera que si la criatura tiene miedo o temor y no sabe estar como una hija cerca de su Padre, es señal de que no reina en ella la Divina Voluntad y por eso estas criaturas son las mártires, las torturadas de la voluntad humana. Hija mía, jamás hagas tu voluntad, no quieras torturarte y martirizarte a ti misma, pues este es el más horrible de los martirios que se pueda sufrir, pues se sufre sin ninguna fuerza y sostén.

Escúchame bien, yo me arrojaba siempre a los brazos de la Divinidad, sobre todo porque me esperaban y al verme hacían fiesta. Me amaban tanto que apenas me presentaba ante ellos derramaban en mi alma otros mares de amor y de santidad; no recuerdo nunca haberme ido sin que me hubieran dado otros nuevos dones sorprendentes.

Mientras estaba entre sus brazos yo rezaba por el género humano y muchas veces con lágrimas y suspiros lloraba por ti, hija mía, y por todos; lloraba por tu voluntad rebelde, por tu triste suerte de verte esclava de ella, que te vuelve infeliz.

El ver infeliz a mi hija, me hacía derramar tantas y tan amargas lágrimas, que llegaba hasta bañar las manos de mi Padre Celestial con mis lágrimas; y la Divinidad enternecida por mi llanto me decía:

« Querida hija nuestra, tu amor nos ata, tus lágrimas apagan el fuego de la divina justicia, tus oraciones nos atraen tanto hacia las criaturas que no podemos ponerte resistencia; por eso, a ti te damos la orden de poner a salvo la suerte del género humano. Tú serás nuestra Soberana en medio de ellos, a ti te confiamos sus almas, tú defenderás nuestros derechos lesionados por sus culpas; estarás en medio de ellos y de nosotros, para ajustar las cuentas de ambas partes.

En ti sentimos la fuerza invencible de nuestra Voluntad Divina que por medio de ti ruega y llora, ¿quién podría ponerte resistencia? Tus dulces lamentos y tus oraciones son órdenes para nosotros, tus lágrimas imperan sobre nuestro Ser Divino; por eso, ¡sigue adelante en tu empresa! »

Amadísima hija mía, mi pequeño Corazón se sentía consumar de amor, por la forma de hablar de la Divinidad y llena de amor acepté su mandato y humildemente respondí:

« Majestad altísima, estoy aquí entre vuestros brazos, haced de mí lo que queráis. Yo sacrificaré de muy buena gana mi vida y si tuviera tantas vidas por cuantas criaturas existen, yo las pondría a disposición de ellas y de vosotros, para salvar sus almas y llevarlas a vuestros brazos paternos. »

Y sin saber entonces que yo iba a ser la Madre del Verbo Divino, ya sentía en mí una doble maternidad: maternidad por Dios, para defender sus justos derechos, y maternidad por las criaturas, para ponerlas a todas a salvo.

Me sentía Madre de todos: la Divina Voluntad que reinaba en mí y que no sabe hacer cosas aisladas, me hacía llevar en mí a Dios y a todas las criaturas de todos los siglos. En mi Corazón materno sentía por un lado a mi Dios ofendido deseoso de recibir satisfacción y por otro lado a las criaturas bajo el imperio de la divina justicia. ¡Oh, cuántas lágrimas derramé! ¡Quería hacer que mis lágrimas penetraran en cada corazón, quería hacerles sentir a todos mi maternidad colma de amor! ¡Lloré por ti y por todos, hija mía!

Por eso, escúchame: ten piedad de mi llanto, toma mis lágrimas para que mitigues tus pasiones y para hacer que tu voluntad pierda la vida. Este es el ardiente deseo de mi Corazón materno: que tú hagas la Voluntad de Dios.

El alma

Madre Celestial, mi pobre corazón no resiste al escuchar cuánto me amas. ¡Ah, me amas demasiado y hasta lloras por mí! ¡Siento que tus lágrimas penetran en mi corazón y que cada una de ellas me abre una herida que me hace comprender cuánto me amas! Quiero unir mis lágrimas a las tuyas y pedirte llorando que nunca me dejes sola, que me cuides en todo: si es necesario deja caer tu mano sobre mí como Madre que eres, y yo, como pequeña hija tuya, dejaré que tú me hagas todo lo que quieras, para que tu dominio sea tu bienvenida y así tú puedas llevarme entre tus brazos a nuestro Padre Celestial como acto cumplido de tu dominio.

Propósito: Hoy, para honrarme, me darás tu voluntad, tus penas, tus lágrimas, tus ansias, tus dudas y tus temores, para que como Madre tuya las tenga dentro de mi Corazón materno y yo en cambio te de la preciosa prenda de la Divina Voluntad.

Jaculatoria: « *Celestial Madre mía, derrama tus lágrimas en mi alma, para que me curen las heridas producidas por mi voluntad.* »

Día 9. La Reina del Cielo en el Reino de la Divina Voluntad es constituida por Dios Pacificadora Celestial: vínculo de paz entre el Creador y la criatura.

El alma a su Reina Celestial

Soberana Señora y queridísima Madre mía, veo que me llamas al sentir la fuerza del amor que arde en tu Corazón, porque quieres contarme todo lo que hiciste en el Reino de la Divina Voluntad por tu hija, ¿no es verdad?

¡Qué bello es verte dirigir tus pasos hacia tu Creador! Apenas escucha tus pisadas, te mira y se siente herido por la pureza de tus miradas y te espera para ser espectador de tu inocente sonrisa, para así poder sonreírte y gozarse contigo. Madre Santa, en medio de tus alegrías y de tus castas sonrisas con tu Creador, no te olvides de tu hija que vive en el exilio, pues tengo tanta necesidad, ya que con frecuencia mi voluntad, queriendo levantar la cabeza, quisiera arrollarme para apartarme del Reino de la Divina Voluntad.

Lección de la Reina del Cielo

Hija de mi Corazón materno, no temas, nunca te olvidaré; es más, si tú haces siempre la Divina Voluntad y vives en su Reino, seremos inseparables, te llevaré siempre de la mano para guiarte y enseñarte a vivir en el Fiat Supremo; por eso, destierra todo temor; en él todo es paz y seguridad. Es la voluntad humana la que turba a las almas y que pone en peligro las obras más bellas y las cosas más santas.

Con ella todo está en peligro: en peligro la santidad, la virtud, la salvación misma del alma; y la característica de quien vive del querer humano es la volubilidad. ¿Quién puede fiarse de aquel que se deja dominar por su propia voluntad humana? ¡Nadie! Ni Dios, ni los hombres. Se asemejan estas almas a cañas vacías que se agitan al más mínimo viento. Por eso, queridísima hija mía, si algún soplo de viento te quiere hacer inconstante, sumérgete en el mar de la Divina Voluntad y ven a esconderte en el regazo de tu Madre, para que te defienda del viento de tu voluntad humana y estrechándote entre mis brazos te haga ser firme y estar segura en el camino de su Reino Divino.

Hija mía, ven junto conmigo ante la Majestad Suprema y escúchame. Con mis rápidos vuelos yo llegaba a sus brazos divinos y en cuanto llegaba sentía su amor rebosante que me cubría con sus olas impetuosas. ¡Oh, qué bello es sentirse amado por Dios! En este amor la criatura siente santidad, felicidad, infinitas alegrías y se siente tan embellecida, que Dios mismo se siente atraído por la muy particular belleza que infunde en la criatura cuando la ama. Yo quería imitarlo y, aunque era muy pequeña, no quería quedarme atrás a tanto amor suyo; por eso, con las olas de amor que me había dado yo formaba mis olas para cubrir a mi Creador con mi amor, y mientras lo hacía yo sonreía porque sabía que mi amor nunca habría podido cubrir la inmensidad de su amor; pero a pesar de todo yo hacía la prueba y sobre mis labios florecía mi inocente sonrisa.

El Ser Supremo sonreía al verme sonreír, y festejaba y se divertía con mi pequeñez. Ahora bien, mientras nos amábamos tanto yo me recordaba del doloroso estado en que se encontraba mi familia humana sobre la tierra: yo también pertenecía a su estirpe.

¡Oh, cómo me dolía! Yo pedía insistentemente que descendiera el Verbo Eterno a poner remedio y lo hacía con una ternura tal, que llegaba a transformar la sonrisa y la fiesta en llanto. El Altísimo se conmovía mucho con mis lágrimas, sobre todo porque se trataba de las lágrimas de una pequeñita, y estrechándome a su seno divino me secaba las lágrimas y me decía:

« *Hija mía, no llores, anímate, en tus manos hemos puesto el destino del género humano, te hemos confiado el mando y ahora para consolarte aún más, te constituimos pacificadora entre la familia humana y nosotros; así que a ti te es dado el establecer la paz entre nosotros. La potencia de nuestra Voluntad que reina en ti se impone sobre nosotros y pide el beso de la paz para la pobre humanidad caída y en peligro.* »

¿Quién pudiera decirte, hija mía, la alegría que sentía mi Corazón ante tanta condescendencia divina? Era tanto mi amor que me sentía desvanecer y, delirando, suspiraba, buscando aún más amor para aliviar mi ansiedad.

Ahora, una palabra a ti, hija mía; si tú me escuchas y haces a un lado tu voluntad humana, dándole su lugar al *Fiat Divino*, también tú serás amada en un modo especial por tu Creador, serás su sonrisa, lo pondrás de fiesta y serás el vínculo de paz entre Dios y el mundo.

El alma

Bellísima Madre mía, ayúdale a tu hija; introdúceme tú misma en el mar de la Divina Voluntad, cúbreme con las olas del amor eterno, para que no vea ni sienta otra cosa que no sea Voluntad Divina y amor.

Propósito: Hoy, para honrarme, me pedirás todos mis actos y los encerrarás en tu corazón, para que sientas la fuerza de la Divina Voluntad que reina en mí; después se los ofrecerás al Altísimo para darle gracias por todos los oficios que me confió para salvar a las criaturas.

Jaculatoria: « *Reina de la Paz, haz que la Divina Voluntad me dé el beso de la paz.* »

Día 10. La Reina del Cielo en el Reino de la Divina Voluntad: alba que nace para hacer huir la noche de la voluntad humana; su glorioso nacimiento.

El alma a la Reina del Cielo

Madre Santísima, ya estoy aquí, cerca de tu cuna, para ser espectadora de tu portentoso nacimiento; los cielos se asombran, el sol te mira con su luz, la tierra rebosa de alegría, se siente honrada de ser habitada por su pequeña Reina recién nacida, los Ángeles a cual más rodean tu cuna para honrarte y ponerse a tus órdenes. De manera que todos te honran y quieren festejar tu nacimiento. También yo me uno a ellos y postrado ante tu cuna, donde veo como extasiados a tu madre Ana y a tu padre Joaquín, quiero decirte mis primeras palabras, quiero confiarte mi primer secreto, quiero vaciar mi corazón en el tuyo y decirte:

« *Madre mía, tú que eres el alba precursora del Fiat Divino sobre la tierra, ioh, haz que huya la tenebrosa noche de la voluntad humana de mi alma y del mundo entero! ¡Ah, sí, que tu nacimiento sea nuestra esperanza, que como nueva alba de gracia nos regenere en el Reino de la Divina Voluntad!* »

Lección de la Reina recién nacida

Hija de mi Corazón, mi nacimiento fue prodigioso, ningún otro nacimiento puede decirse que sea semejante al mío. Yo encerraba en mí el cielo, el sol de la Divina Voluntad y también la tierra de mi humanidad, pero tierra bendita y santa que encerraba los más bellos follajes.

Aunque apenas había nacido, yo encerraba el prodigio de los más grandes prodigios: la Divina Voluntad reinante en mí, la cual encerraba en mí un cielo más bello, un sol más resplandeciente que el de la creación, de la cual yo era también Reina, comprendiendo un mar de gracias sin confines que murmuraba siempre: amor, amor, amor hacia mi Creador. Por eso, mi nacimiento fue la verdadera alba que hizo huir a la noche de la voluntad humana y conforme yo iba creciendo, así iba formando la aurora que llamaba al esplendidísimo día, para hacer surgir el sol del Verbo Eterno sobre la tierra.

Hija mía, acércate a mi cuna para que escuches a tu pequeña Madre. Recién nacida apenas, abrí los ojos para ver este bajo mundo e ir en busca de todos mis hijos y encerrarlos en mi Corazón, darles mi amor materno y regenerarlos a la nueva vida de amor y de gracia, darles el paso para hacer que entraran en el Reino del *Fiat Divino* que yo poseía. Quise ser para ellos Reina y Madre encerrándolos a todos en mi Corazón, para ponerlos a todos a salvo y darles el gran don de este Reino Divino. En mi Corazón había lugar para todos, porque para quien posee la Divina Voluntad no existen estrecheces, sino amplitudes infinitas.

También a ti te miré entonces, hija mía, nadie se me escapó; y así como en aquel día todos festejaron mi nacimiento, también para mí fue fiesta, pero al abrir mis ojos a la luz del día, tuve el dolor de ver a la criatura en la densa noche de la voluntad humana. ¡Oh, en qué abismo de tinieblas se encuentra envuelta la criatura que se deja dominar por su voluntad humana! Esta es la verdadera noche, pero noche sin estrellas, a lo más algún rayo fugitivo, al que fácilmente le siguen los truenos, que con estruendo hacen que las tinieblas se vuelvan más densas, descargando la tempestad sobre la pobre criatura: tempestades de pánico, de debilidades, de peligros, de caídas en el mal.

Mi pequeño Corazón quedaba traspasado al ver a mis hijos bajo esta horrible tempestad en la que la noche del querer humano los había envuelto.

Ahora escucha a tu Madre; todavía estoy en la cuna, soy pequeñita, mira pues mis lágrimas que derramo por ti; cada vez que haces tu voluntad es una noche que formas para ti. Si tú supieras cuanto mal te hace esta noche, llorarías conmigo; esta noche te hace perder la luz del día de la Divina Voluntad, te trastorna, te paraliza en el bien, te deshace el verdadero amor y tú quedas como una pobre enferma a quien le faltan las cosas necesarias para aliviarse. ¡Oh, hija mía, querida hija mía, escúchame, no hagas nunca tu voluntad! Dame tu palabra de que complacerás a tu pequeña Madre.

El alma

Madre Santa, tiemblo de solo oír hablar de la horrible noche de mi voluntad; por eso me encuentro aquí cerca de tu cuna para pedirte la gracia de que, por tu prodigioso nacimiento, me hagas renacer en la Divina Voluntad. Yo estaré siempre cerca de ti, mi niñita celestial, uniré mis oraciones y mis lágrimas a las tuyas, para implorar para mí y para todos el Reino de la Divina Voluntad sobre la tierra.

Propósito: Hoy, para honrarme, vendrás a visitarme tres veces a mi cuna, diciéndome cada vez: «*Niñita celestial, hazme renacer junto contigo en la vida de la Divina Voluntad*»

Jaculatoria: «*Madre mía, haz que el alba de la Divina Voluntad surja en mi alma.*»

Día 11. La Reina del Cielo en el Reino de la Divina Voluntad durante los tres primeros años de su vida forma una esplendísima aurora para hacer surgir en nuestros corazones el suspirado día de la luz y de la gracia.

El alma a la pequeña Reina Celestial

Aquí estoy una vez más cerca de tu cuna, Madrecita Celestial; mi pequeño corazón se siente fascinado por tu belleza y no puede apartar la mirada de tu hermosura tan singular. ¡Qué dulce es tu mirada! Con tus manitas me llamas para que te abrace y me estreche a tu Corazón ahogado de amor. Madre Santa, dame tus llamas para que quemen mi voluntad y así pueda complacerte y vivir junto contigo de Voluntad Divina.

Lección de la Reina del Cielo

Hija mía, si tú supieras cómo goza mi Corazón materno al verte cerca de mi cuna para escucharme. Me siento realmente Reina y Madre, porque teniéndote cerca de mí no soy una Madre estéril, ni una Reina sin pueblo, sino que tengo a mi amada hija que tanto me ama y que quiere que yo sea su Madre y su Reina.

Es por eso que tú eres la portadora de alegría a tu Madre, y más todavía porque vienes a mi seno para q   que te enseñe a vivir en el Reino de la Divina Voluntad. Tener una hija que quiere vivir junto conmigo en este Reino tan santo es para tu Madre la gloria, el honor y la fiesta más grande. Así que, préstame atención, querida hija mía, y yo seguiré narrándote las maravillas de mi nacimiento.

Mi cuna se encontraba rodeada de Ángeles que a cual más me cantaban todos canciones de cuna, como a su Reina Soberana; y puesto que el Creador me había dotado de razón y de ciencia infusa, cumplí con mi primer deber de adorar con mi intelecto y también con mi vocecita balbuciente de niña a la Santísima Trinidad; fue tanto el exceso de mi amor por su majestad suprema, que sintiéndome languidecer, ansiaba hasta el delirio encontrarme entre los brazos de la Divinidad para recibir sus abrazos y darle los míos. Y los Ángeles, puesto que mis deseos eran órdenes para ellos, me tomaron sobre sus alas y me condujeron a los brazos amorosos de mi Padre Celestial. ¡Oh, con cuánto amor me esperaba! Yo venía del exilio y los pequeños intervalos de separación que llegaba a haber entre nosotros eran motivos de nuevos incendios de amor, eran nuevos dones que preparaban para darme; y yo también inventaba nuevos modos de pedir piedad y misericordia para mis hijos, los cuales viviendo en el exilio estaban bajo el azote de la divina justicia; y deshaciéndome de amor completamente, le decía:

« Trinidad adorable, me siento feliz, me siento Reina, no conozco lo que es la infelicidad y la esclavitud, todo lo contrario, vuestra Divina Voluntad que reina en mí, me da tal y tanta alegría y felicidad que, pequeñita cual soy, no puedo abrazarla toda; pero en medio de tanta felicidad siento una vena de intensa amargura dentro de mi pequeño Corazón, porque veo en él a mis hijos infelices y esclavos de su voluntad rebelde. ¡Piedad, Padre Santo, piedad! ¡Haz que mi felicidad sea completa! ¡Haz que estos hijos infelices que llevo más que Madre en mi Corazón materno sean felices! ¡Haz que el Verbo encarnado descienda sobre la tierra y todo se reconciliará! Yo no bajaré de tu seno paterno si no me das el salvoconducto de tus gracias, de manera que pueda llevarles a mis hijos la buena nueva de su redención. »

La Divinidad se conmovía con mis oraciones y colmándome con nuevos dones me decía:

« *Regresa al exilio y continúa tus oraciones, extiende el Reino de nuestra Voluntad en todos tus actos, que a su tiempo te contentaré.* »

Pero no me decía ni cuándo ni dónde iba a venir. Así pues, yo partía del cielo sólo para cumplir la Voluntad Divina, y éste era para mí el sacrificio más heroico, pero lo hacía con gusto, para hacer que sólo la Divina Voluntad tuviera pleno dominio sobre mí.

Escúchame, hija mía; ¡cuánto me costó tu alma! Llegó hasta amargar el océano inmenso de mis alegrías y felicidades: cada vez que tú haces tu voluntad, te vuelves esclava y sientes tu infelicidad, y yo, cual Madre tuya, siento en mi Corazón la infelicidad de mi hija. ¡Oh, qué dolor es tener hijos infelices! ¡Cuánto debes tomar a pecho hacer siempre la Voluntad de Dios! ¡Yo llegaba hasta irme del cielo para hacer que mi voluntad no tuviera vida en mí!

Hija mía, sígueme escuchando; tu primer deber en todos tus actos sea el de escuchar a tu Creador, conocerlo y amarlo; esto te pondrá en el orden de la creación y te hará reconocer a quien te creó. Es éste el deber más santo de toda criatura: reconocer su propio origen.

Tú debes saber que el conducirme al cielo y después descender y ponerme a orar formaba la aurora a mi alrededor, que difundiéndose por todo el mundo rodeaba los corazones de mis hijos, para hacer que después del alba siguiera la aurora, y así hacer que amaneciera el sereno día de espera de la venida del Verbo Divino sobre la tierra.

El alma

Madre Celestial, al ver que apenas recién nacida me das lecciones tan santas, yo me siento extasiada y puedo comprender que me amas tanto que por causa mía no podías ser del todo feliz. Madre Santa, tú que tanto me amas, haz que penetren en mi corazón la potencia, el amor y las alegrías que te inundan, para que llena de ellas mi voluntad no encuentre un lugar para vivir en mí y ceda libremente su lugar al dominio de la Divina Voluntad

Propósito: Hoy, para honrarme, harás tres actos de adoración a tu Creador, recitando tres veces el « Gloria al Padre » para darle gracias por todas las veces que me concedió la gracia de ser admitida en su presencia.

Jaculatoria: *« Madre Celestial, haz que surja en mi alma la aurora divina de la Divina Voluntad. »*

Día 12. La Reina del Cielo en el Reino de la Divina Voluntad sale de su cuna, da sus primeros pasos y con sus actos infantiles llama a Dios a que venga sobre la tierra y llama a todas las criaturas a que vivan en la Divina Voluntad.

El alma a la pequeña Reina Celestial

Una vez más estoy aquí junto a ti, mi querida niña, en la casa de Nazaret; quiero ser espectador de tu infancia, quiero darte la mano mientras das tus primeros pasos y hablas con tu madre Santa Ana y con tu padre San Joaquín. Veo que siendo aún pequeñita, apenas dejaste de ser niña de pecho y ya empezabas a caminar, le ayudabas a Santa Ana en los pequeños quehaceres. Madrecita mía, ¡cuánto te quiero y qué especial eres para mí! Dame tus lecciones para que te siga durante tu infancia y aprenda de ti a vivir en el Reino de la Divina Voluntad también en las pequeñas acciones humanas de cada día.

Lección de la pequeña Reina del Cielo

Querida hija mía, mi único deseo es tenerte cerca de mí, sin ti me siento sola y no tengo a quien confiarle mis secretos. Son mis cuidados maternos que buscan tener cerca de mí a mi hija que tengo en mi Corazón, para poder darle mis lecciones y así hacer que comprenda cómo se vive en el Reino de la Divina Voluntad. Pero en este Reino no entra la voluntad humana, ésta queda aniquilada y en acto de padecer continuas muertes ante la luz, la santidad y la potencia de la Divina Voluntad. Pero ¿crees tú que la voluntad humana se aflige porque la Voluntad Divina la tiene en acto de morir continuamente?

¡Ah, no, no! Al contrario, se siente feliz al ver que sobre su voluntad agonizante renace y surge la Divina Voluntad victoriosa y triunfante, y que le infunde alegría y felicidad sin fin. Hijita mía, bastaría con sólo comprender que es lo que significa dejarse dominar por la Divina Voluntad y probarlo, para hacer que la criatura aborreciera tanto su voluntad que se dejaría hacer pedazos antes de salirse de la Divina Voluntad.

Y ahora escúchame: yo partí del cielo sólo para hacer la Voluntad del Eterno, y aunque yo tenía en mí mi cielo, cual era la Voluntad Divina, y era inseparable de mi Creador, me gustaba estar en mi patria celestial; tanto más que estando la Divina Voluntad en mí, yo sentía los derechos de hija, de estar con la Trinidad y de ser arrullada como una pequeñita entre sus brazos paternos y de participar de todas las alegrías y felicidades, de las riquezas y de la santidad que poseían, y yo trataba de tomar lo más que podía y de llenarme tanto hasta no poder contener más. El Ser Supremo gozaba al ver que yo, sin temor alguno, antes bien, con sumo amor, me llenaba de sus bienes, y no me sorprendía que me hicieran tomar todo lo que quería, porque, yo era su hija y una era la Voluntad que nos animaba: lo que ellos querían lo quería también yo. De manera que sentía que las propiedades de mi Padre Celestial eran también mías, con la única diferencia de que yo era pequeña y no podía abrazar ni tomar todos sus bienes, porque por cuantos tomaba quedaban tantos todavía, pues yo no tenía la capacidad para depositarlos en mí, siendo siempre una criatura; en cambio la Divinidad era grande, inmensa y en un solo acto abrazaba todo.

Sin embargo, apenas me daban a entender que debían privarme de sus alegrías celestiales y de los castos abrazos que nos dábamos, yo partía del cielo sin titubear y regresaba entre mis queridos padres.

Ellos me amaban mucho y yo era del todo amable, delicada, alegre, pacífica y llena de gracia infantil, tanto que me robaba todo su cariño. Estaban sumamente atentos conmigo: yo era su joya y cuando me tomaban entre sus brazos sentían cosas insólitas, sentían una vida divina palpitante en mí.

Hija de mi Corazón, tú debes saber que en cuanto comencé mi vida sobre la tierra, la Divina Voluntad empezó a extender su Reino en todos mis actos; de manera que mis oraciones, mis palabras, mis pasos, el alimento, el sueño que tomaba, los pequeños quehaceres con los que ayudaba a mi madre, estaban todos animados por la Divina Voluntad; y como te he llevado siempre en mi Corazón, como a hija mía te llamaba en todos mis actos, llamaba a cada uno de tus actos a que estuvieran junto con los míos, para que también en todos tus actos, incluso en los más indiferentes, se extendiera el Reino de la Divina Voluntad.

Mira cuánto te he amado: si hacía oración, llamaba a tu oración en la mía, para que la tuya y la mía tuvieran el mismo valor y poder: el valor y el poder de una Voluntad Divina. Si hablaba, llamaba a tus palabras, si caminaba llamaba a tus pasos, y si me ocupaba en los pequeños quehaceres humanos indispensables a la naturaleza humana como tomar agua, barrer, ayudarle a mi madre a poner la leña para encender el fuego y tantas otras cosas semejantes, yo llamaba esos mismos actos tuyos para que adquirieran el valor de una Voluntad Divina y que tanto en tus actos como en los míos se extendiera su Reino; y mientras te llamaba en todos y cada uno de mis actos, llamaba al Verbo Eterno para que viniera sobre la tierra.

¡Oh, cuánto te he amado, hija mía! Yo quería que tus actos se unieran a los míos para hacerte feliz y hacerte reinar junto conmigo y oh, cuantas veces te llamaba a ti y a tus actos, pero muy a mi pesar los míos quedaban aislados, mientras que a los tuyos los veía como perdidos en tu voluntad; y *¡qué horrible sólo decirlo!* formaban en ti su reino, no divino, sino humano: reino de pasiones, reino de pecado, de infelicidad y desventura. Y yo, tu Madre, lloraba tu desgracia; y cada vez que vuelves a hacer un acto de voluntad humana, conociendo el reino infeliz en el que te precipitas, mis ojos se bañan de amargas lágrimas para hacerte comprender el gran mal que haces.

Por eso, escucha a tu Madre, si te decides a hacer la Voluntad de Dios, con derecho te será dada toda alegría y felicidad; todo será en común con tu Creador; tus debilidades, tus miserias, desaparecerán y serás entonces la más amada de mis hijas, te tendré en mi mismo Reino para hacer que vivas siempre de Voluntad Divina.

El alma

Madre Santa, ¿quién puede resistir al verte llorar y no escuchar tus santas lecciones? Te lo prometo con todo mi corazón, te lo juro, nunca, nunca más volveré a hacer mi voluntad; y tú, Madre Divina, no me dejes nunca sola, para que el imperio de tu presencia haga que mi voluntad desaparezca, para hacerme reinar siempre, siempre en la Voluntad de Dios.

Propósito: Hoy, para honrarme, me darás todos tus actos para hacerme compañía durante mi infancia y me ofrecerás tres actos de amor en memoria de los tres años que viví con mi madre Santa Ana.

Jaculatoria: *« Reina potente, cautiva mi corazón para encerrarlo en la Voluntad Divina. »*

Día 13. La Reina del Cielo en el Reino de la Divina Voluntad sale de la casa paterna y se va a vivir al templo, dando ejemplo de triunfo total en el sacrificio.

El alma a la Reina victoriosa

Madre Celestial, hoy vengo a postrarme ante ti para pedirte que en todas mis penas me des tu fuerza invencible, pues tú bien sabes cómo mi corazón está tan lleno de penas, que me siento ahogado en ellas. ¡Ah! Tú que con tanto amor quieres ser mi Madre, toma mi corazón entre tus manos y derrama en él amor, gracia y fuerza para triunfar sobre todas mis penas y convertirlas todas en Voluntad de Dios.

Lección de la Reina victoriosa

Hija mía, ánimo, no temas, soy toda tuya; hoy te estaba esperando para que mi heroísmo y mi triunfo en el sacrificio te infundan fuerza y valor, a fin de que pueda verte triunfar en tus penas y con el heroísmo de soportarlas todas con amor y sólo para cumplir la Divina Voluntad.

Ahora, hija mía, escúchame: yo tenía apenas tres años cumplidos cuando mis padres me hicieron saber que querían consagrarme a Dios en el templo.

Mi corazón se llenó de gozo al saber que me iba a consagrar al Señor y que iba a vivir en la casa de Dios; pero en medio de tanta alegría había algo que me dolía y era el tener que privarme de una de las cosas más amadas que se pueden tener sobre la tierra, es decir, de mis queridos padres.

Yo estaba todavía muy pequeñita y tenía necesidad de sus cuidados maternos; me privaba de la presencia de dos grandes Santos. Además, yo veía que conforme se iba acercando el día en que se iban a privar de mí, que llenaba su vida de alegría y felicidad, ellos se sentían morir por la amargura, pero, aunque sufrían, estaban dispuestos a realizar el acto heroico de consagrarme a Dios.

Mis padres me amaban en orden a Dios y yo era para ellos un gran don que el Señor les había dado, y esto les dio la fuerza necesaria para poder cumplir el doloroso sacrificio. Por eso, hija mía, si quieres tener fuerza invencible para poder sufrir las penas más duras, haz que todas tus cosas sean en orden a Dios y considéralas como dones preciosos que el Señor te ha dado.

Tú debes saber que yo preparaba con entusiasmo, ánimo y valentía mi ida al templo, porque en cuanto le entregué mi voluntad a Dios y el Fiat Supremo tomó posesión de mí, adquirí todas las virtudes por naturaleza; yo tenía pleno dominio sobre mí misma, todas las virtudes estaban en mí como nobles princesas y conforme a las circunstancias de mi vida, se exhibían prontamente cumpliendo su oficio sin resistencia alguna. En vano me habrían llamado Reina si no hubiera tenido la virtud de reinar sobre mí misma. Yo tenía en mi dominio la caridad perfecta, la paciencia invicta, la dulzura más encantadora, la humildad más profunda y toda la comitiva de las demás virtudes. La Divina Voluntad hizo que la tierra de mi dichosa humanidad estuviera siempre dando flores, sin las espinas de los vicios.

¿Te das cuenta, querida hija mía, de que es lo que significa vivir de Voluntad Divina? Su luz, su santidad y su potencia convierten en naturaleza propia todas las virtudes, ella no se rebaja a reinar en un alma de naturaleza rebelde. ¡No, no! La Divina Voluntad es santidad y quiere que la naturaleza humana esté ordenada y sea santa para poder reinar en ella.

Así que, con el sacrificio de ir al templo yo obtenía una nueva conquista; y sobre cada sacrificio se iba formando en mí el triunfo de la Divina Voluntad; y cada uno de estos triunfos me proporcionaba nuevos mares de gracia, de santidad y de luz, los cuales hacían que me sintiera feliz en mis penas, para así poder conquistar nuevos triunfos.

Y ahora, hija mía, pon la mano sobre tu corazón y dile a tu Madre si sientes que tu naturaleza ya se ha convertido en virtud o si todavía sientes las espinas de la impaciencia, las malas hierbas de las agitaciones, los malos humores de los afectos que no son santos. Escúchame, deja que tu Madre haga todo, entrégame tu voluntad en mis manos, decidida a no quererla más y yo haré que la Divina Voluntad tome posesión de ti, y así ella arrojará de ti todo, de manera que lo que no habrías podido hacer en años lo harás en un solo día, el cual será para ti el principio de la verdadera vida, de la felicidad y de la verdadera santidad.

El alma

Madre Santa, ayúdame, visita mi alma y todo lo que veas que no sea Voluntad de Dios arráncalo de mí con tus propias manos, quema las espinas y las hierbas nocivas; tú misma llama a la Divina Voluntad para que venga a reinar en mi alma.

Propósito: Hoy, para honrarme, me llamarás tres veces para que venga a visitar tu alma y me darás la libertad de hacer contigo lo que yo quiera.

Jaculatoria: « *Reina Soberana, toma entre tus manos mi alma y transfórmala toda en Voluntad de Dios.* »

Día 14. La Reina del Cielo en el Reino de la Divina Voluntad llega al templo. Su morada en el templo. Se convierte en modelo de las almas consagradas a Dios.

El alma a la Reina Celestial Modelo de las almas

Madre mía, tu pobre hija siente la necesidad irresistible de estar contigo, de seguir tus pasos, de ver cómo te comportas, para imitar tus acciones y tenerlas como modelo y guía de mi vida. Sí, siento que tengo una grande necesidad de ser guiada, porque por mí misma no sé hacer nada, pero junto contigo que tanto me amas, sabré hacer todo y sabré también hacer la Voluntad de Dios.

Lección de la Reina Celestial Modelo de las almas

Querida hija mía, es mi ardiente deseo hacer que seas espectadora de mi modo de comportarme, para que te enamores de tu Madre y me imites, por eso, pon tus manos entre las mías y yo me sentiré feliz teniendo junto a mí a mi hija. Así que, préstame más atención y escúchame.

Yo dejé la casa de Nazaret acompañada por mis santos padres. Al dejarla quise darle una mirada por última vez a la casita en la que nací, para darle gracias a mi Creador por haberme dado un lugar en donde nacer y la dejé en la Divina Voluntad, para que mi infancia y tantos amados recuerdos; pues teniendo el pleno uso de la razón podía comprenderlo todo; fueran todos custodiados en la Divina Voluntad y los deposité en ella como prendas de mi amor por quien me creó.

Hija mía, el darle gracias a Dios y poner nuestros actos en sus manos como prendas de nuestro amor por él, abre nuevos canales de gracias y comunicaciones entre Dios y el alma y además es el homenaje más bello que se le puede ofrecer a quien tanto nos ama. Por eso, aprende de mí a darle siempre gracias a Dios por todo lo que hace contigo y siempre en todo lo que vayas a hacer que de tus labios se oigan estas palabras: « *¡Gracias, oh Señor; pongo todo en tus manos!* »

Yo dejé todo en el *Fiat Divino* y puesto que reinaba en mí, jamás me dejó sola ni por un instante de mi vida; yo lo llevaba triunfante en mi pequeña alma.

¡Oh, qué prodigios sabe hacer la Divina Voluntad! Con su virtud conservadora mantenía el orden de todos mis actos, pequeños y grandes, y como en acto dentro de mí, como triunfo suyo y mío; de manera que yo nunca perdí la memoria de uno solo de mis actos; y esto me daba tanta gloria y honor, que me hacía sentir verdaderamente Reina, porque todos y cada uno de mis actos hechos en la Divina Voluntad eran más que un sol y yo estaba toda cubierta de luz, de felicidad y de alegría; la Divina Voluntad me traía su paraíso.

Hija mía, el vivir de Voluntad Divina debería ser el deseo, el suspiro y casi la pasión de todos, tanta es la belleza que se adquiere y el bien que se siente. Todo lo contrario la voluntad humana; ésta le infunde amargura a la pobre criatura, la oprime, le forma la noche, hace que camine con dificultad y que vaya siempre cojeando en el bien y muchas veces esta criatura llega hasta perder la memoria del poco bien que ha hecho.

Hija mía, yo partí de la casa paterna con valor y desapego, porque mi mirada estaba puesta sólo en la Divina Voluntad, en la cual mi corazón estaba fijo, y esto me bastó siempre en todo.

En el camino hacia el templo contemplé toda la creación, y ioh, qué maravilla!, sentí el latido de la Divina Voluntad en el sol, en el viento, en las estrellas, en el cielo y hasta debajo de mis pasos sentí como latía; el *Fiat Divino* que reinaba en mí, le ordenó a toda la creación, que como un velo lo escondía en todo, que se inclinara reverente y me honrara como Reina suya, y todos se inclinaron dándome muestras de sumisión; ni siquiera la más pequeña florecilla del campo se quedó sin ofrecerme su pequeño homenaje. Mi presencia hacía que todos se pusieran de fiesta y cuando por necesidad salía fuera de la población parecía que toda la creación se disponía a darme muestras de su amor, por lo que me veía obligada a ordenarles que se quedaran en su lugar y que siguieran el orden de nuestro Creador.

Y ahora, escucha a tu Madre y dime: ¿sientes en tu corazón la alegría, la paz, el desapego de todo y de todos, el valor para poder hacer cualquier cosa con tal de darle cumplimiento a la Divina Voluntad de tal manera que todo esto te haga sentir una fiesta constante en ti? Hija mía, la paz, el desapego y el valor, forman en el alma el vacío en donde la Divina Voluntad puede tomar su lugar, pues siendo intangible de toda pena, trae consigo la fiesta perenne a la criatura. Por eso, ánimo, valor y entusiasmo, hija mía, dime que quieres vivir de Voluntad Divina y yo me ocuparé de todo. Te espero mañana para narrarte el modo en que me comporté en el templo.

El alma

Madre mía, tus lecciones me extasían y penetran dulcemente en mi corazón. Tú que tanto me amas y suspiras que tu hija viva de Voluntad Divina, con tu imperio divino vacíame de todo, infunde en mí el valor que necesito para darle muerte a mi voluntad; y yo, confiando en ti, te diré: « *¡Quiero vivir de Voluntad Divina!* »

Propósito: Hoy, para honrarme, me darás todos tus actos como prenda de tu amor hacia mí y diciéndome cada vez: « *¡Te amo, Madre mía!* » yo los depositaré en la Divina Voluntad.

Jaculatoria: « *Madre Celestial, vacíame de todo para poder esconderme en la Voluntad de Dios.* »

Día 15. La Reina del Cielo en el Reino de la Divina Voluntad. Su vida en el templo.

El alma a la Reina del Cielo

Reina y Madre mía, aquí está tu hija a tu lado, para seguir tus pasos cuando entres al templo. ¡Oh, cómo quisiera que tomaras mi pequeña alma, que la encerraras en el templo vivo de la Voluntad de Dios y me aislaras de todos, menos de mi Jesús y de tu dulce compañía!

Lección de la Reina del Cielo

Queridísima hija mía, que susurro tan dulce es para mí oírte decir que quieres que te encierre en el templo vivo de la Voluntad de Dios y que no quieras otra compañía que la de Jesús y la mía. ¡Ah! Querida hija mía, tú haces que surja en mi Corazón materno el gozo de ser verdadera Madre y si verdaderamente me ser tu Madre, yo estoy segura de que serás feliz y mi gozo será también tuyo, pues tener una hija feliz es la gloria y la felicidad más grande de un corazón materno.

Escúchame, hija mía; yo llegué al templo solo para vivir de Voluntad Divina. Mis santos padres me pusieron en manos de los superiores del templo, consagrándome a Dios; yo estaba vestida de fiesta y se cantaron himnos y profecías que se referían al futuro Mesías. ¡Oh, qué alegría sentía en mi Corazón! Después, con ánimo y decisión, me despedí de mis queridos y santos padres, les besé la mano, les di las gracias por todos los cuidados que tuvieron conmigo durante mi infancia y por haberme consagrado a Dios con tanto amor y sacrificio.

Mi comportamiento pacífico, el no haber llorado y mi valentía, les infundió tanto valor y ánimo, que tuvieron la fuerza para poder partir y separarse de mí. La Voluntad Divina imperaba sobre mí y extendía su Reino en todos mis actos. ¡Oh potencia del *Fiat Divino*! Tú sólo podías darme tal heroísmo, que siendo todavía tan pequeña tuve la fuerza de desprenderme de quienes tanto me amaban, aunque viera que al separarse de mí se les destrozaba el corazón.

Y ahora, hija mía, escúchame: yo me encerré en el templo y esto lo quiso el Señor, para hacer que yo extendiera los actos que debía hacer en él, en el Reino de la Divina Voluntad, para hacer que preparara con mis actos humanos el terreno y el cielo de la Divina Voluntad que debía formarse sobre este terreno para todas las almas consagradas a Dios.

Yo estaba atentísima a todos los deberes que se acostumbraban hacer en ese santo lugar; era pacífica con todos, jamás le causé amargura o molestia alguna a nadie, me sometía a los servicios más humildes y no encontraba dificultad en nada, ni siquiera en el barrer o lavar los platos; cualquier sacrificio era para mí un honor, un triunfo. Pero, ¿quieres saber por qué? Porque yo no miraba nada, para mí todo era Voluntad de Dios. De manera que la campana que a mí me llamaba era el *Fiat Divino*; yo escuchaba el sonido misterioso de la Voluntad Divina que me llamaba en el sonido de la campana y mi Corazón se alegraba y corría para ir a donde el *Fiat Divino* me llamaba. Mi regla era la Divina Voluntad y yo veía que esta Santísima Voluntad Divina me mandaba por medio de mis superiores. Así que para mí, la campana, la regla, los superiores, mis acciones, incluso las más humildes, eran todas nuevas alegrías y fiestas que me preparaba el *Fiat Divino*, el cual extendiéndose también fuera de mí, me llamaba a extender su Voluntad,

Yo hacía como hace el mar que esconde todo lo que posee y no deja ver más que agua, así también yo escondía todo en el mar inmenso del *Fiat Divino* y por eso todas las cosas me llenaban de alegría y me ponían de fiesta.

Hija mía, en mis actos corrías tú y todas las almas. Yo no sabía hacer nada sin ti; era para todos mis hijos que yo preparaba el Reino de la Divina Voluntad. ¡Oh, si todas las almas consagradas a Dios en los lugares santos hicieran desaparecer todo en la Divina Voluntad, cómo serían felices y cómo convertirían las comunidades en familias celestiales, poblando la tierra de tantísimas almas santas!. Pero, ¡ay de mí! Con todo el dolor de mi Corazón de Madre debo decirlo: ¡Cuántas amarguras, cuántas molestias y discordias! Mientras que la santidad no está en el oficio que les toca, sino en el cumplir la Voluntad de Dios en cualquier oficio que les sea asignado; es en la Divina Voluntad en donde las almas hallarán la paz, la fuerza y el sostén en los sacrificio más duros.

El alma:

¡Oh Madre Santa, qué bellas son tus lecciones! ¡Con qué dulzura penetran en mi corazón! Ah, te suplico que extiendas en mí el mar del *Fiat Divino*; sumérgeme en él, y haz que yo no vea ni conozca otra cosa que no sea la Divina Voluntad, de manera que navegando siempre en ella, pueda conocer sus secretos, sus alegrías y su felicidad.

Propósito: Para honrarme este día, me ofrecerás doce actos de amor para honrar los doce años que viví en el templo; y me pedirás que te una a mis actos.

Jaculatoria: « *Madre y Reina mía, enciérrame en el templo sagrado de la Voluntad de Dios.*

Día 16. La Reina del Cielo en el Reino de la Divina Voluntad continúa su vida en el templo y forma el nuevo día que hará salir sobre la tierra el resplandeciente Sol del Verbo Eterno.

El alma a su Madre Celestial

Dulcísima Madre mía, siento que me has robado el corazón y corro hacia ti, que tienes encerrado mi corazón en el tuyo como prenda de mi amor y que al puesto de mi corazón quieres poner a la Divina Voluntad como prenda de tu amor de Madre. Por eso, me abandono entre tus brazos para que cual hija tuya me prepares, me des tus lecciones y hagas de mí lo que quieras. ¡Te lo ruego, no me vayas a dejar nunca sola, tenme siempre junto contigo!

Lección de la Reina del Cielo

Querida hija mía, cómo suspiro tenerte siempre junto conmigo. ¡Quisiera ser el latido de tu corazón, tu respiro, las obras de tus manos, el paso de tus pies, para hacerte sentir, por medio de mí, cómo obraba la Divina Voluntad en mí! ¡Quisiera depositar en ti su vida! ¡Oh, qué dulce es, qué amable, encantadora y cautivante! ¡Oh, cómo me harías doblemente feliz si te tuviera a ti, hija mía, bajo el dominio total del *Fiat Divino*, que fue quien formó toda mi fortuna, mi felicidad y mi gloria!

Y ahora, préstame atención y escucha a tu Madre que quiere dividir su fortuna contigo. Yo continuaba mi vida en el templo, pero el cielo no estaba cerrado para mí, yo podía ir cuantas veces quería, tenía el paso libre para ir y venir cuando quería. En el cielo estaba mi Familia Divina y yo suspiraba y anhelaba ardientemente entretenerme con ella.

La Divinidad misma me esperaba con tanto amor para conversar conmigo, para complacerse y hacerme más feliz, más bella y más agradable a ellos. Por lo demás, no me habían creado para tenerme lejos de sí, querían gozarse a su hija, querían ver cómo mis palabras animadas por el *Fiat Divino* tenían la potencia de poner la paz entre Dios y las criaturas; gozaban verse vencidos por su pequeña hija y oir como les repetía una y otra vez: « *¡Venga, venga el Verbo Divino sobre la tierra!* »

Puedo decir que la Divinidad misma me llamaba y yo corría, volaba para estar con ellos; no habiendo hecho nunca mi voluntad humana, mi presencia les daba la correspondencia de amor y gloria por la gran obra de toda la creación, por eso me confiaron el secreto de la historia del género humano, y yo pedía con insistencia que se estableciera la paz entre Dios y el hombre. Hija mía, tú debes saber que fue la voluntad humana la que cerró el cielo y por eso no le era posible entrar en aquellas regiones celestiales, ni tener una relación familiar con su Creador; es más, la voluntad humana había alejado a la criatura de su Creador. En cuanto el hombre se apartó de la Voluntad Divina se volvió miedoso, tímido, perdió el dominio sobre sí mismo y sobre toda la creación; todos los elementos, estando bajo el dominio del *Fiat Divino*, quedaron superiores a él y hasta le podían hacer mal; el hombre tenía miedo de todo.

¿Te parece poco, hija mía, que quien había sido creado rey, dominador de todo, llegara a tener miedo de quien lo creó? Es muy extraño, hija mía, y yo diría casi contra natura que un hijo tenga miedo de su padre, mientras es natural que cuando se engendra, se engendra al mismo tiempo amor y confianza entre padre e hijo, y bien se puede decir que ésta es la primera herencia que le toca al hijo y el primer derecho que le toca al padre.

De manera que Adán, haciendo su voluntad perdió la herencia de su Padre, perdió su Reino y se hizo el hazmerreír de todas las cosas creadas.

Hija mía, escucha a tu Madre y considera bien el gran mal que causa la voluntad humana; ella le quita los ojos al alma y la deja ciega, de manera que todo es tinieblas y temor para la pobre criatura que se deja dominar por su voluntad humana. Por eso, pon la mano en tu corazón y júrale a tu Madre que preferirás morir antes que hacer tu voluntad. Yo, no habiendo jamás hecho mi voluntad, no tenía temor alguno cuando estaba con mi Creador, ¿cómo podía tener algún temor si me amaba tanto? Su Reino se iba extendiendo tanto en mí, que con mis actos iba formando el pleno día que haría surgir el nuevo sol del Verbo Eterno sobre la tierra; y yo, viendo que se iba formando el día aumentaba mis súplicas para obtener que viniera el suspirado día de la paz entre el cielo y la tierra. Así pues, te espero mañana para narrarte otra sorpresa de mi vida sobre la tierra.

El alma

Soberana Madre mía, ¡qué dulces son tus lecciones! ¡Oh, cómo me hacen comprender el gran mal que puede causar mi voluntad humana! ¡Cuántas veces también yo me he sentido llena de temor y timidez y como alejada de mi Creador!

¡Ah, era mi voluntad humana que reinaba en mí y no la Divina! Por eso yo sentía sus tristes efectos.

Así que, si tú me amas como hija tuya, toma mi corazón entre tus manos y quítame todo temor y timidez, los cuales me impiden volar hacia mi Creador y en su lugar pon ese *Fiat Divino* que tú tanto amas y que tanto quieres que reine en mi alma.

Propósito: Para honrarme este día, pondrás en mis manos todas las molestias que sientas, los temores, la desconfianza, para que te lo convierta todo en Voluntad de Dios; y me dirás tres veces: « *Madre mía, confianza mía, haz que reine en mi alma la Voluntad Divina.* »

Jaculatoria: « *Madre mía, confianza mía, forma el día de la Divina Voluntad en el alma mía.* »

Día 17. La Reina del Cielo en el Reino de la Divina Voluntad sale del templo. Desposorios con San José. Espejo divino en el que llama a que se miren todos los que son llamados al estado conyugal.

El alma a su Madre Celestial

Madre Santa, hoy más que nunca siento la necesidad de estrecharme entre tus brazos, para que la Divina Voluntad que reina en ti le forme un dulce encanto a mi voluntad de manera que la mantenga sin vida y no se atreva a hacer cosa alguna que no sea Voluntad de Dios; tus lecciones de ayer me han hecho comprender la cadena perpetua a la que la pobre criatura es condenada por su voluntad humana y temo grandemente que vuelva a renacer en mí. Por eso me encomiendo a ti, para que me vigiles constantemente y yo pueda estar segura de vivir siempre en la Voluntad de Dios.

Lección de la Reina del Cielo

Animo, hija mía, ánimo. Ten confianza en tu Madre y haz un firme propósito de jamás volver a darle vida a tu voluntad. Oh, cómo quisiera escucharte decir: « *Madre mía, mi voluntad se acabó, todo el dominio lo tiene en mí el Fiat Divino.* »

Estas son las armas que hacen morir a la voluntad humana, que vencen mi Corazón materno y que me hacen usar todas mis artes amorosas de Madre para que tú, hija mía, vivas en mi Reino; será para ti una dulce muerte que te dará la verdadera vida y para mí la más bella de las victorias que obtendré en el Reino de la Divina Voluntad. Por eso, ánimo, hija mía, ten confianza en mí.

La desconfianza es de viles y de quienes no están verdaderamente decididos a obtener victoria, por eso, éstos están siempre sin armas y sin armas no se puede vencer y se es siempre inconstante y vacilante en el bien.

Y ahora escúchame, hija mía; yo continuaba mi vida en el templo y también seguía dándome mis escapadas a mi patria celestial. Yo, como hija suya, tenía pleno derecho de ir a visitar a mi familia divina, la cual me pertenecía más que mi mismo padre. Pero, ¿cuál no fue mi sorpresa cuando en una de mis visitas, me hicieron saber que era su Voluntad que yo saliera del templo, uniéndome primero con vínculo matrimonial, conforme a la costumbre externa de aquellos tiempos, con un santo hombre llamado José, retirándome después junto con él a la casa de Nazaret?

Hija mía, en este paso de mi vida, aparentemente parecía que Dios quería ponerme a la prueba. Yo jamás había amado a nadie en este mundo y como la Voluntad Divina había tomado plena posesión de todo mi ser, mi voluntad humana no tuvo nunca un acto de vida, por lo que en mí no existía el germen del amor humano, ¿cómo podía entonces amar a un hombre humanamente, por más que fuera un gran santo? Es cierto que yo amaba a todos y que mi amor de Madre me los había escrito a uno por uno en mi Corazón materno con caracteres de fuego imborrables, pero todo era en el orden divino del amor; porque el amor humano comparado con el amor divino, se puede decir que es una sombra, un matiz, un átomo de amor.

Sin embargo, querida hija mía, Dios se sirvió admirablemente de lo que aparentemente parecía una prueba y como algo extraño a la santidad de mi vida para cumplir sus designios y concederme la gracia que yo tanto suspiraba, es decir, que el Verbo Divino descendiera sobre la tierra.

Dios me daba el salvoconducto, la defensa, la ayuda, para que ninguno pudiera hablar mal de mí y poner en duda mi honor: San José habría de ser el colaborador, el tutor, el que debía ocuparse de aquel poco de humano que fuera necesario, la sombra de la paternidad celestial, bajo la cual debía ser formada nuestra familia celestial sobre la tierra.

Así pues, a pesar de mi sorpresa, dije de inmediato « *Fiat!* », sabiendo que la Divina Voluntad no me habría hecho algún mal, ni habría permitido que mi santidad fuera perjudicada. ¡Si yo hubiera querido hacer un solo acto de mi voluntad humana, aunque fuera con el pretexto de no querer conocer hombre, habría arruinado los planes de la venida del Verbo Eterno sobre la tierra!

Así que no es la diferencia de estado lo que perjudica a la santidad, sino el que la Divina Voluntad falte y que no se cumpla con los deberes del propio estado al que Dios a llamado a cada criatura. Todos los estados son santos, también el matrimonio, con tal de que en él esté la Divina Voluntad y el sacrificio exacto de los propios deberes; pero la mayor parte de los hombres son indolentes y perezosos, y no solamente no se hacen santos, sino que cada quien forma de su propio estado algunos un purgatorio y otros un infierno.

Cuando supe que debía salir del templo, no se lo hice saber a nadie, esperando que Dios mismo moviera las circunstancias externas para hacerme cumplir su admirable Voluntad, como de hecho sucedió. Los superiores del templo me llamaron y me dijeron que era su voluntad, como también costumbre de aquellos tiempos, que me preparara al matrimonio y yo acepté. Milagrosamente la elección, entre tantos, cayó sobre San José y así se celebraron las nupcias y salí del templo.

Por eso, hija de mi Corazón, te ruego que sobre todas las cosas sólo a la Divina Voluntad le des importancia, si quieres que los designios de Dios se cumplan sobre ti.

El alma

Reina Celestial, a ti se confía tu hija; quiero, con mi confianza, herir tu Corazón y tu pequeña hija te suplica que esta herida repita sin cesar en tu Corazón materno: « *Fiat! Fiat! Fiat!* »

Propósito: Para honrarme este día, vendrás sobre mis rodillas maternas y recitarás 15 veces el « Gloria al Padre », para darle gracias por todas las gracias que me concedió durante los primeros 15 años de mi vida y especialmente por haberme dado por compañía a un hombre tan santo como lo fue San José.

Jaculatoria: « *Reina potente, dame las armas para poder presentar batalla y dejarme vencer por la Divina Voluntad.* »

Día 18. La Reina del Cielo en el Reino de la Divina Voluntad en la casa de Nazaret, el cielo y la tierra están por darse el beso de la paz. La hora divina está cerca.

El alma a su Reina y Madre

Soberana Madre mía, aquí estoy de regreso para seguir tus pasos. Tu amor me ata y cual potente imán me tiene fija y sumamente atenta a escuchar tus bellísimas lecciones; pero esto no me basta; si me amas como hija, enciérrame dentro del Reino de la Divina Voluntad, donde viviste y vives, cierra la puerta, de manera que aunque llegue a quererlo nunca más pueda volver a salir de él. De este modo tanto tú como yo viviremos en común y las dos seremos felices.

Lección de la Reina del Cielo

Querida hija mía, ¡si tú supieras cuánto anhelo tenerte encerrada en el Reino de la Divina Voluntad! Cada una de las lecciones que te doy es un cancel que formo para impedirte la salida, es una fortaleza para amurallar tu voluntad, para que así puedas comprender y quieras mantenerte bajo el dulce dominio del *Fiat Supremo*. Por eso, está atenta y escúchame, porque estas lecciones no son otra cosa que los trabajos que hace tu Madre para seducir y cautivar tu voluntad y hacer que la Divina Voluntad triunfe en ti.

Y ahora, mi querida hija, escúchame; yo partí del templo con el mismo entusiasmo con el que entré y sólo para darle cumplimiento a la Divina Voluntad.

Regresando a Nazaret yo ya no habría encontrado a mis queridos y santos padres, sólo San José me acompañaba; Yo lo veía como un Ángel que Dios me había dado para custodiarme, aunque eran legiones de Ángeles las que me acompañaban. Durante el viaje todas las cosas creadas se inclinaban con reverencia ante mí para honrarme y yo, agradeciéndoles, le di a cada una mi beso y mi saludo de Reina; y así llegamos a Nazaret.

Tú debes saber que San José y yo nos mirábamos con recato y sentíamos nuestro corazón en ansia, porque el uno quería hacerle saber al otro que estábamos atados a Dios con voto de virginidad perenne, hasta que finalmente se rompió el silencio y ambos manifestamos nuestro voto. ¡Oh, qué felicidad sentimos! Dándole gracias a Dios prometimos vivir juntos como hermanos. Yo lo atendía con esmero; nos mirábamos con veneración, y la aurora de la paz reinaba en medio de nosotros. ¡Oh, si todos se miraran en mí como en un espejo y me imitaran! Yo me adaptaba muy bien a la vida común y corriente y no dejaba que se vislumbraran en nada los grandes mares de gracia que yo poseía en mí.

Escucha, hija mía; en la casa de Nazaret yo me sentía más que nunca enardecida y rogaba que el Verbo Divino viniera sobre la tierra. La Divina Voluntad que reinaba en mí, no hacía más que revestir todos mis actos de luz, de belleza, de santidad, de potencia; yo sentía que formaba en mí el reino de la luz, pero de la luz que surge siempre, el reino de la belleza, de la santidad y de la potencia que siempre crece. De manera que todas las cualidades divinas que el *Fiat Divino* iba extendiendo en mí con su Reino me daban la fecundidad.

La luz que me invadía era tanta, que mi misma humanidad quedaba talmente embellecida y revestida de este sol de la Divina Voluntad, que no hacía más que estar dando flores celestiales. Yo sentía que el cielo bajaba hasta mí y que la tierra de mi humanidad subía, y el cielo y la tierra se abrazaban, se pacificaban y se daban el beso de la paz y del amor. La tierra se disponía a producir el germen para formar al Justo, al Santo; y el cielo se abría para hacer descender al Verbo en este germen. Yo no hacía más que ir y venir de la tierra a mi patria celestial para arrojarme entre los brazos paternos de mi Padre Celestial; y le decía de corazón:

« *Padre Santo, no puedo más, me siento incendiada, y mientras ardo, siento una fuerza potente en mí que quiere vencerte; con las cadenas de mi amor quiero atarte para desarmarte, para que no tardes más: sobre las alas de mi amor quiero transportar al Verbo Divino del cielo a la tierra.* »

Y le suplicaba llorando que escuchara mi oración. La Divinidad, vencida por mis lágrimas y oraciones me consolidó diciéndome:

« *Hija mía, ¿quién puede ponerte resistencia? Has vencido, la hora de Dios está cerca. Mientras tanto regresa a la tierra y sigue haciendo tus actos en la potencia de mi Voluntad Divina; por medio de ellos todos quedarán conmovidos y el cielo y la tierra se darán el beso de la paz.* »

Pero a pesar de todo todavía no sabía que yo iba a ser la Madre del Verbo Eterno. Hija querida, escúchame y comprenderás lo que significa vivir de Voluntad Divina. Yo, viviendo de la Divina Voluntad, formé el cielo y su Reino Divino en mi alma; y si yo no hubiera formado en mí este Reino, el Verbo Eterno jamás habría podido descender del cielo a la tierra; si lo hizo, fue porque en mí encontró su Reino que la Divina Voluntad había formado en mí, jamás el Verbo habría descendido en un reino extraño. ¡Ah, no! Quiso primero formar su Reino en mí y así descender como vencedor en su Reino; y no solamente esto, sino que viviendo siempre de Voluntad Divina yo adquirí por gracia lo que Dios es por naturaleza, es decir, la fecundidad divina, para poder formar, sin la obra del hombre, el germen por medio del cual poder hacer germinar en mí la humanidad del Verbo Eterno.

¿Qué es lo que no puede hacer la Divina Voluntad cuando obra en una criatura? Todo puede y todos los bienes posibles e imaginables.

Por eso, si quieres imitar a tu Madre y hacerla feliz, la única cosa que te debe interesar es que todo en ti sea Voluntad Divina.

El alma

Madre Santa, si tú lo quieres, puedes; como tuviste poder para vencer a Dios hasta hacerlo descender del cielo a la tierra, no te faltará poder para vencer mi voluntad, para que ya no pueda volver a tener vida; en ti pongo toda mi esperanza, de ti obtendré todo.

Propósito: Hoy, para honrarme, vendrás a visitarme a la casa de Nazaret y me darás todos tus actos como un homenaje tuyo para que los una a los míos y los convierta en Voluntad Divina.

Jaculatoria: « *Emperatriz Celestial, besa mi alma con el beso de la Voluntad de Dios.* »

Día 19. La Reina del Cielo en el Reino de la Divina Voluntad. Las puertas del cielo se abren, el sol del Verbo Eterno se pone a la vigía y envía a su Ángel para anunciarle a la Virgen que la hora de Dios ha llegado.

El alma a su Madre Celestial

Madre Santa, aquí estoy de nuevo sobre tus rodillas maternas, soy tu hija y como hija tuya quiero que me des de comer en la boca tu dulcísima palabra, la cual me da el bálsamo para curarme las heridas de mi miserable voluntad humana.

Madre mía, háblame, que tus potentes palabras penetren en mi corazón y formen una nueva creación, para formar el germen de la Divina Voluntad en mi alma.

Lección de la Reina Soberana

Hija mía, es precisamente ésta la finalidad por la que tanto quiero hacerte escuchar los arcanos celestiales del *Fiat Divino*, los portentos que puede obrar donde reina completamente y el gran mal de quien se deja dominar por su voluntad humana, para que tú ames el *Fiat Divino* y dejes que forme en ti su trono y aborrezcas tu voluntad humana para formar de ella el escabel de la Voluntad Divina, teniéndola siempre sacrificada a sus pies.

Y ahora, hija mía, escúchame. Yo continuaba mi vida en Nazaret; el *Fiat Divino* seguía ampliando su Reino en mí; se servía de mis más pequeños actos y hasta de los más indiferentes, como mantener en orden la pequeña casita en donde vivíamos, encender el fuego, barrer y todos aquellos -

servicios que se hacen en las familias, para hacerme sentir su vida palpitante en el fuego, en el agua, en el alimento, en el aire que respiraba, en todo; y, revistiéndolos, formaba sobre mis pequeños actos mares de luz, de gracia y de santidad. porque donde reina la Divina Voluntad, ésta tiene la potencia para formar hasta de las pequeñeces nuevos cielos de una belleza encantadora; porque siendo inmenso no sabe hacer cosas pequeñas, sino que con su potencia le da valor a las pequeñeces y hace de ellas las cosas más grandes, tanto que llegan a sorprender cielos y tierra.

Todo es santo, todo es sagrado para quien vive de Voluntad Divina.

Hija de mi Corazón, préstame atención y escúchame. Días antes de la venida del Verbo Eterno sobre la tierra, yo veía el cielo abierto y al Sol del Verbo Divino a sus puertas, como para ver sobre quién habría de emprender el vuelo para hacerse prisionero celestial de una criatura.

¡Oh, qué bonito era verlo a las puertas del cielo, como un centinela, espiando a la dichosa criatura que iba a albergar a su Creador!

La Sacrosanta Trinidad ya no veía la tierra como cosa extraña a ellos porque habitaba en ella la pequeña María, que poseyendo la Divina Voluntad había formado el Reino Divino en donde el Verbo Eterno podía descender y estar al seguro como en su propia morada, en la cual podía encontrar el cielo y tantísimos soles en los que se habían transformado los actos de Voluntad Divina hechos en mi alma.

La Divinidad rebosó de amor y quitándose el manto de la justicia que durante tantos siglos había mostrado con las criaturas, se cubrió con el manto de la misericordia infinita y el Consistorio de la Sacrosanta Trinidad decretó la venida del Verbo Eterno sobre la tierra y está en acto de hacer sonar la hora del cumplimiento. Al escuchar este decreto los cielos y la tierra se asombran y se preparan con mucha atención, para ser espectadores de un exceso de amor tan grande y de un prodigio tan extraordinario.

Yo me se sentía incendiada de amor y haciendo eco al amor de mi Creador quería formar un solo mar de amor, para que en él descendiera el Verbo sobre la tierra.

Mis oraciones eran incesantes y mientras estaba orando en mi habitación, un Ángel enviado del cielo como mensajero del gran Rey, se presentó ante mí e inclinándose me saludó:

« ¡Ave, oh María, Reina nuestra! El Fiat Divino te ha llenado de gracia. El Verbo Divino ha ya pronunciado su Fiat y quiere venir, ya está detrás de mis hombros; pero quiere tu Fiat para darle cumplimiento a su Fiat. »

A un anuncio tan grande y tan anhelado por mí, aunque jamás había pensado que yo iba a ser la elegida, me quedé asombrada y vacilé por un instante, pero el Ángel del Señor me dijo:

« ¡No temas, Reina nuestra! ¡Tú has hallado gracia ante Dios! ¡Has vencido a tu Creador! Por eso para darle cumplimiento a la victoria pronuncia tu Fiat. »

Yo pronuncié mi Fiat y ¡oh, qué maravilla! Los dos Fiat se fundieron en uno solo y el Verbo Divino descendió en mí; mi Fiat, que tenía el mismo valor que el *Fiat Divino*, formó con el germen de mi humanidad, la pequeña Humanidad que iba a encerrar al Verbo Eterno cumpliéndose así el gran prodigio de la Encarnación.

¡Oh, potencia del Fiat Supremo! Tú me exaltaste tanto y me hiciste tan potente que pude llegar a crear en mí a aquella Humanidad que iba a encerrar al Verbo Eterno, y que cielos y tierra no podían contener.

Los cielos se estremecieron y toda la creación se puso de fiesta y exultando de alegría cantaban alrededor de la casita de Nazaret, para rendir homenaje y honrar al Creador hecho hombre y en su mudo lenguaje decían:

« *¡Oh prodigio de prodigios que solo un Dios podía hacer! ¡La Inmensidad se ha empequeñecido, la potencia se ha hecho imponente, su alteza inalcanzable ha bajado hasta el abismo del seno de una Virgen quedando al mismo tiempo pequeño e inmenso, potente e impotente, fuerte y débil!* »

Querida hija mía, tú no puedes imaginarte lo que sintió tu Madre en el acto de la Encarnación del Verbo. Todos me apresuraban y esperaban mi Fiat, podría decir omnipotente.

Querida hija mía, escúchame. La única cosa que te debe interesar de todo corazón es hacer y vivir de Voluntad Divina. Mi potencia todavía existe: déjame pronunciar mi Fiat sobre tu alma; mas para poder hacerlo quiero el tuyo; un verdadero bien no lo puede hacer uno solo, porque las obras más grandes se hacen siempre entre dos.

Dios mismo no quiso obrar solo, quiso que yo obrara junto con él para realizar el gran prodigio de la Encarnación; y tanto en mi Fiat como en el suyo se formó la vida del Hombre-Dios y se ajustaron las suertes del género humano. El cielo no siguió estando cerrado y todos los bienes fueron encerrados entre dos Fiat. Por eso, pronunciemos juntos, ¡Fiat! ¡Fiat! y mi amor materno encerrará en ti la vida de la Divina Voluntad.

Por ahora basta, mañana te espero de nuevo, hija mía, para narrarte lo que pasó después de la Encarnación.

El alma

Bellísima Madre mía, estoy sumamente sorprendida escuchando tus bellísimas lecciones. ¡Ah, te ruego que pronuncies tu Fiat sobre mí! Yo también pronuncio el mío, para que en mí quede concebido ese *Fiat Divino* que tú tanto anhelas que su vida reine en mí.

Propósito: Hoy, para honrarme, vendrás a darle tu primer beso a Jesús y le dirás nueve veces que quieres hacer su Voluntad, y yo repetiré el prodigio de concebir a Jesús en tu alma.

Jaculatoria: « *Reina potente, pronuncia tu Fiat y crea en mí la Voluntad de Dios.* »

Día 20. La Reina del Cielo en el Reino de la Divina Voluntad. La Virgen: cielo cubierto de estrellas; en este cielo el Sol Divino ya resplandece con sus rayos luminosísimos llenando cielos y tierra. Jesús en el seno de su Madre.

El alma a su Reina y Madre

Ya estoy de nuevo junto a ti, Madre Celestial; vengo a alegrarme contigo e inclinándome a tus santos pies te saludo llena de gracia y Madre de Jesús.

¡Oh, ya no te volveré a encontrar sola, de ahora en adelante junto contigo encontraré a mi pequeño prisionero Jesús! De manera que seremos tres y ya no solamente dos: tú, Madre mía, Jesús y yo. ¡Qué fortuna la mía, si quiero encontrar a mi pequeño Rey Jesús, basta que encuentre a nuestra Madre Santísima! ¡Oh Madre Santa, tú que te encuentras en las alturas cual Madre de Dios, ten piedad de esta miserable y pequeña hija tuya, y recomiéndame por primera vez al pequeño prisionero Jesús, para que me dé la gracia de vivir de su Voluntad Divina!

Lección de la Reina del Cielo Madre de Jesús

Querida hija mía, hoy más que nunca te espero, mi Corazón materno está ansioso, siento la necesidad de desahogar contigo mi ardiente amor, quiero decirte que soy Madre de Jesús. Mis alegrías son infinitas, mares de felicidad me inundan:

¡Yo puedo decir que soy Madre de Jesús! ¡Su criatura, su esclava y su Madre! Y todo se lo debo sólo al *Fiat Divino*, el cual me hizo llena de gracia y preparó en mí una digna habitación para mi Creador. Por eso, sea siempre gloria, honor y acción de gracias al Fiat Supremo.

Y ahora escúchame, hija de mi Corazón. Apenas fue formada con la potencia del Fiat Supremo la pequeña humanidad de Jesús en mi seno, el Sol del Verbo Eterno se encarnó en ella. Yo tenía mi cielo, formado por el *Fiat Divino*, completamente cubierto de estrellas brillantísimas que resplandecían alegrías, bienaventuranzas, armonías de bellezas divinas; y el Sol del Verbo Eterno resplandeciente de luz inaccesible, vino a tomar su lugar dentro de este cielo, escondido en su pequeña humanidad. El centro de este Sol Divino residía en su humanidad, mas no pudiendo contener tanta luz se desbordaba inundando el cielo y la tierra, llegaba a cada corazón y con su llamada de luz invitaba insistentemente a cada criatura y con sus voces de luz penetrante, les decía:

« *¡Hijos míos, ábranme, denme un lugar en su corazón. He venido del cielo a la tierra para formar en cada uno de ustedes mi vida; mi Madre es el centro en donde resido y todos mis hijos serán la circunferencia en donde quiero formar tantas vidas mías por cuántos hijos tengo.* »

Y su misteriosa luz llamaba y llamaba insistentemente, sin cesar jamás y la pequeña humanidad de Jesús gemía, lloraba, sufría atrozmente y dentro de aquella luz que llegaba a todos los corazones hacía correr sus lágrimas, sus gemidos y sus atroces penas de amor y de dolor.

Tú debes saber que para tu Madre comenzó una nueva vida. Yo estaba al corriente de todo lo que hacía mi Hijo; lo veía devorado por los mares de las llamas de su amor; cada uno de sus latidos, de sus respiros y penas, eran mares de amor que salían de él y en ellos envolvía a todas las criaturas para tomar posesión de ellas a fuerza de amor y de dolor.

Porque tú debes saber que en cuanto fue concebida su pequeña humanidad, concibió al mismo tiempo todas las penas que debería sufrir hasta el último día de su vida y encerró dentro de sí mismo a todas las almas, porque como Dios, nadie se le podía escapar. Su inmensidad encerraba a todas las criaturas, su omnividencia hacía que las tuviera a todas presentes. Mi Jesús, mi Hijo, sentía el peso y la carga de todos los pecados de cada criatura. Y yo, tu Madre, lo seguía en todo y sentí en mi Corazón materno la nueva generación de las penas de mi Jesús y la nueva generación de todas las almas que como Madre debía engendrar junto con Jesús a la gracia, a la luz y a la nueva vida que mi querido Hijo vino a traer sobre la tierra.

Hija mía, tú debes saber que desde el primer momento en que fui concebida yo te amé como Madre, te sentía en mi Corazón, ardía en mí un grande amor por ti, pero yo no entendía el por qué; el *Fiat Divino* me hacía comportarme como si fuera tu Madre, pero me tenía velado el secreto. Mas una vez que se encarnó en mí, me reveló el secreto y comprendí la fecundidad de mi maternidad, es decir, que no solamente debía ser Madre de Jesús, sino Madre de todos; y esta maternidad debía de ser formada sobre las llamas del dolor y del amor. ¡Hija mía, cuánto te he amado y te amo!

Querida hija mía, mira hasta dónde se puede llegar cuando la Divina Voluntad toma posesión de la criatura con su vida operante y la voluntad humana lo deja obrar sin impedirle el paso. Este *Fiat Divino*, que por naturaleza posee en grado supremo la virtud de generar, genera todos los bienes en la criatura y la vuelve fecunda participándole la maternidad, transformándose así en madre de todos los bienes y de quién la creó.

Maternidad quiere decir y significa verdadero amor, amor heroico, amor que prefiere morir para darle la vida a quién ha engendrado; si no es así la palabra maternidad queda estéril, vacía y se reduce a simples palabras, porque de hecho no existe.

Por lo tanto, hija mía, si quieres la generación de todos los bienes, haz que el *Fiat Divino* tome posesión de ti con su vida operante y así te dará la maternidad, así amarás todo con amor de Madre y yo, tu Madre, te enseñaré cómo fecundar en ti esta maternidad del todo santa y divina.

El alma

Madre Santa, me abandono entre tus brazos. ¡Oh, cómo quisiera bañarte las manos con mis lágrimas para moverte a compasión por el estado en que se encuentra mi pobre alma! Ah, si tú me amas como Madre, enciérrame en tu Corazón y haz que tu amor queme mis miserias y mis debilidades, y que la potencia del *Fiat Divino* que tú posees como Reina, forme su vida operante en mí, de manera que pueda decir: « *Mi Madre es toda para mí y yo soy toda para ella.* »

Propósito: Para honrarme este día, le agradecerás al Señor por tres veces, a nombre de todos, el haberse encarnado y hecho prisionero en mi seno, dándome el gran honor de haberme elegido como Madre suya.

Jaculatoria: « *Madre de Jesús, quiero que seas mi Madre y que me guíes por el camino de la Voluntad de Dios.* »

Día 21. Vigésimo Primer Día. La Reina del Cielo en el Reino de la Divina Voluntad. El nacimiento del Sol Divino. La plenitud del mediodía. El Verbo Eterno entre nosotros.

El alma a su Reina Madre

Dulcísima Madre mía, mi pobre corazón siente la extrema necesidad de venir a tu regazo materno para confiarte mis pequeños secretos y encomendarlos a tu Corazón materno. Escucha, oh Madre mía, viendo los grandes prodigios que obró en ti el *Fiat Divino* siento que no me es dado el poder imitarte por ser tan pequeña, débil y además por los tremendos combates de la vida que me abaten y que no me dejan ni el más mínimo hilo de vida.

Oh Madre Celestial, cómo quisiera desahogar mi corazón en el tuyo, para hacerte sentir las penas que me amargan y el temor que me tortura de que pueda dejar de cumplir la Voluntad Divina.

¡Piedad, oh Madre mía, piedad! ¡Escóndeme en tu Corazón y yo perderé la memoria de mis males, para recordarme sólo que debo vivir de Voluntad Divina!

Lección de la Reina del Cielo Madre de Jesús

Queridísima hija mía, fíate de tu Madre, pon todo en mi Corazón y yo tomaré todo en cuenta, seré tu Madre, transformaré todas tus penas en luz y me serviré de ellas para ampliar los confines del Reino de la Divina Voluntad en tu alma.

Por eso, haz a un lado todo por ahora y escúchame, quiero narrarte lo que hizo el pequeño Rey Jesús en mi seno materno y cómo a tu Madre no se le escapó ni siquiera un respiro de su pequeño Jesús.

Hija mía, la pequeña humanidad de Jesús iba creciendo unida hipostáticamente con la Divinidad. Mi seno materno era estrechísimo y obscuro, no había ningún rayo de luz. Lo veía en mi seno materno inmóvil, envuelto dentro de una noche profunda. Pero, ¿sabes quién le formaba esta oscuridad tan intensa al niñito Jesús? Era la voluntad humana, en la que el hombre se había envuelto voluntariamente, y cuantos pecados cometía tantos abismos de tinieblas formaba en torno y dentro de sí, de manera que lo inmovilizaba y no lo dejaba hacer el bien. Y mi querido Jesús, para hacer que se disiparan las tinieblas de esta noche tan profunda en la que el hombre se había hecho prisionero de su propia tenebrosa voluntad, hasta quedar inmovilizada para hacer el bien, escogió la dulce prisión de su Madre y se ofreció voluntariamente a quedar inmóvil durante nueve meses.

Hija mía, ¡si supieras qué martirio sufrió mi Corazón materno al ver llorar y suspirar a mi pequeño Jesús en mi seno! Su Corazón ardiente latía fuertemente y delirando de amor hacía escuchar sus latidos a cada corazón, para pedirles por piedad sus almas, para encerrarlas en la luz de su Divinidad. Porque él había cambiado voluntariamente la luz por las tinieblas, de manera que todos pudieran obtener la verdadera luz para así ponerse a salvo.

Querida hija mía, ¿quién podría decirte lo que sufrió mi pequeño Jesús en mi seno materno? Penas inauditas e indescriptibles.

El tenía el pleno uso de la razón, era Dios y Hombre, y era tanto su amor que hacía a un lado los mares infinitos de alegría, de felicidad y de luz y sumergía su pequeñita humanidad en los mares de tinieblas, de amarguras, de infelicidad y de miserias que le habían preparado las criaturas, el pequeño Jesús se echaba encima todo como si fuera suyo. Hija mía, el verdadero amor jamás dice basta, no mira las penas, sino a fuerza de penas busca a quien ama y solamente entonces se contenta, cuando ofrece su propia vida para darle de nuevo la vida a quien ama.

Hija mía, escucha a tu Madre, ¿te das cuenta del gran mal que es hacer tu voluntad? No solamente le preparas la noche a tu Jesús y a ti misma, sino que formas mares de amarguras, de infelicidad y de miserias, en las que quedas tan enredada que no sabes cómo salir. Por eso, está atenta, hazme feliz diciéndome: « *Quiero hacer siempre la Divina Voluntad.* »

Y ahora, escucha, hija mía; el pequeño Jesús, delirante de amor está a punto de salir a la luz del día; sus ansias, sus ardientes suspiros y sus deseos de querer abrazar a la criatura, de hacerse ver y de mirarla para cautivarla, no le dan reposo; y como un día se puso a la vigía a las puertas del cielo para encerrarse en mi seno, así ahora está en acto de ponerse a la vigía a las puertas de mi seno, que es más que cielo, y el sol del Verbo Eterno surge en medio al mundo y forma en él su pleno mediodía. De manera que para las pobres criatura ya no habrá noche, ni alba, ni aurora, sino siempre sol, mucho más que en la plenitud del mediodía.

Tu Madre sentía que ya no lo podía contener dentro de sí; mares de luz y de amor me inundaban; y así como dentro de un mar de luz lo concebí, dentro de un mar de luz salió de mi seno materno.

Hija mía, para quien vive de Voluntad Divina todo es luz, todo es claro y todo se convierte en luz. En esta luz yo esperaba, extasiada, estrechar entre mis brazos a mi pequeño Jesús y apenas salió de mi seno yo escuché sus primeros gemidos amorosos y el Ángel del Señor me lo entregó poniéndolo entre mis brazos y yo me lo estreché fuertemente a mi Corazón y le di mi primer beso y el pequeño Jesús me dio el suyo.

Basta por ahora, te espero mañana de nuevo para seguir la narración del nacimiento de Jesús.

El alma

Madre Santa, ¡qué fortuna la tuya! ¡Verdaderamente tú eres bendita entre todas las mujeres! Por el gozo que sentiste cuando estrechaste a Jesús en tu seno y le diste tu primer beso, te ruego que por pocos instantes pongas entre mis brazos al pequeño Jesús, para darle la alegría de decirle que juro amarlo siempre, siempre, y que no quiero conocer más que su Voluntad.

Propósito: Para honrarme este día, vendrás a besarle sus piececitos al niñito Jesús y le darás tu voluntad poniéndola entre sus manitas para hacerlo jugar y sonreír.

Jaculatoria: « *Madre mía, encierra en mi corazón al pequeño Jesús para que me transforme todo en Voluntad de Dios.* »

Día 22. La Reina del Cielo en el Reino de la Divina Voluntad. Ha nacido el pequeño Rey Jesús. Los Ángeles lo señalan y llaman a los pastores a adorarlo. Cielos y tierra exultan de alegría y el Sol del Verbo Eterno, haciendo su curso disipa la noche del pecado y da principio al pleno día de la gracia. Su morada en Belén.

El alma a su Madre Celestial

Hoy, Madre Santa, siento un ímpetu de amor que no me deja en paz si no voy a tu regazo materno para encontrar en tus brazos al celestial niñito Jesús. Su belleza me extasía, sus miradas me hieren, sus labios; haciéndome ver que llora, gime y solloza; me arrebatan el corazón para amarlo.

Querida Madre mía, yo sé que tú me amas y por eso te ruego que me hagas un lugarcito en tus brazos para que pueda darle mi primer beso y depositar mi corazón en mi pequeño Rey Jesús y confiarle mis más íntimos secretos que tanto me oprimen; y para hacerlo sonreír le diré: « *Mi voluntad es tuya y la tuya mía; por eso, forma en mí el Reino de tu Fiat Divino* »

Lección de la Reina del Cielo

Querida hija mía, oh, cómo suspiro tenerte entre mis brazos, para tener la gran satisfacción de poder decirle a nuestro pequeño niñito Rey: « *No llores hijito mío, mira, aquí con nosotros está mi pequeña hija que quiere reconocerte como Rey y darte el dominio de su alma, para hacer que extiendas el Reino de tu Divina Voluntad en ella.* »

Hija de mi Corazón, mientras estás del todo ocupada contemplando al niñito Jesús, pon atención y escúchame.

Tú debes saber que era media noche cuando el pequeño Rey, recién nacido, salió de mi seno materno, pero la noche se transformó en día.

Él, que era dueño de la luz, disipó la noche de la voluntad humana, la noche del pecado, la noche de todos los males y como señal de lo que hacía en las almas con su habitual Fiat omnipotente, la medianoche se transformó en un día resplandeciente y todas las cosas creadas corrían para elevar sus himnos de alabanza a su Creador encarnado en aquella pequeña humanidad.

El sol corría para darle sus primeros besos de amor al niñito Jesús y calentarlo con su calor; el viento dominante purificaba con sus olas el aire del establo y con su dulce susurro le decía: *te amo*; los cielos se conmovieron desde sus cimientos; la tierra exultaba y se estremecía hasta en sus abismos; el mar hacía alboroto con sus olas altísimas; en fin, todas las cosas creadas reconocieron que su Creador estaba ya en medio de ellas y todos a cual más elevaban sus himnos de alabanza hacia él.

Los Ángeles mismos formando luz en los aires, con una voz llena de melodía que todos podían escuchar, cantaban:

« *¡Gloria a Dios en lo más alto de los cielos y paz en la tierra a los hombres de buena voluntad! Ha nacido ya el niñito celestial, en la gruta de Belén, envuelto en pobres pañalitos.* »

Y los pastores pudieron escuchar aquellas voces angélicas porque estaban velando y corrieron a visitar al pequeño Rey Divino. Escucha, querida hija mía, apenas recibí entre mis brazos a mi dulce recién nacido le di mi primer beso y mi amor sintió la necesidad de alimentar a mi pequeño Hijo y ofreciéndole mi seno le di de beber abundantemente de mi leche materna, para alimentar al pequeño Rey Jesús

¿Quién pudiera decirte lo que sentí y con qué mares de gracia, de amor y de santidad me correspondió mi Hijo? Yo entonces, lo envolví en pobres pero limpios pañalitos y lo recosté en el pesebre: ésta era su Voluntad y yo no podía eximirme de llevarla a cabo. Pero primero quise hacer partícipe al querido San José poniéndolo entre sus brazos, y ¡oh, qué gozo sintió! Se lo estrecho al corazón y el niñito Jesús derramó en su alma torrentes de gracia. Después, junto con San José acomodamos un poco de heno en el pesebre y separándolo de mis brazos maternos lo puse en él. Y yo, extasiada por la belleza del Infante divino, me estaba la mayor parte del tiempo de rodillas ante él y ponía en movimiento todos mis mares de amor que la Divina Voluntad había formado en mí, para amarlo, adorarlo y darle gracias.

Y ¿qué hacía en el pesebre el niñito celestial? Un acto continuo de la Voluntad de nuestro Padre Celestial, que era también la suya; y con gemidos y suspiros llenos de amor, sollozaba y lloraba y llamaba a todos diciendo:

« *¡Vengan todos, hijos míos, por amor a ustedes he nacido al dolor y a las lágrimas! ¡Vengan, vengan todos a conocer los excesos de mi amor! ¡Háganme un lugarcito en sus corazones!* »

Hubo entonces un ir y venir de humildes pastores que fueron a visitarlo y a todos los veía con su dulce mirada y su sonrisa de amor que se notaba hasta en sus mismas lágrimas.

Hija mía, ahora unas palabras para ti. Tú debes saber que toda mi alegría era tener en mi regazo a mi querido Hijo Jesús, pero la Divina Voluntad me dio a entender que lo pusiera en el pesebre a disposición de todos, para que quien quisiera pudiera acariciarlo, besarlo y tomarlo entre sus brazos como si fuera suyo. El era el pequeño Rey de todos, así que todos tenían el derecho de sentirse amados por él y de sentirlo suyo; y yo, para darle cumplimiento a la Voluntad Suprema, me privé de mis inocentes sonrisas y comencé a ejercer con las obras y sacrificios mi oficio de Madre de dar a Jesús a todos.

Hija mía, la Divina Voluntad es exigente y quiere todo, incluso el sacrificio de las cosas más santas y, conforme lo exijan las circunstancias, el grande sacrificio de privarse de Jesús mismo; pero esto para extender mayormente su Reino y para multiplicar la vida de Jesús en las almas, porque cuando la criatura se priva de Jesús por amor a él, es tal y tan grande el heroísmo y el sacrificio que hace, que tiene la virtud de producir una vida de Jesús, para así poder formarle otra habitación a Jesús. Por eso, querida hija mía, está atenta y, bajo ningún pretexto, nunca le vayas a negar nada a la Divina Voluntad.

El alma

Madre Santa, tus lecciones me confunden, pero si quieres que las ponga en práctica no me dejes sola, para que cuando me veas sucumbir bajo el enorme peso de las privaciones divinas me estreches a tu Corazón materno y así yo sienta la fuerza necesaria para jamás negarle nada a la Divina Voluntad.

Propósito: Para honrarme este día, vendrás por tres veces a visitar al niño Jesús y besándole sus pequeñas manitas le ofrecerás cinco actos de amor para honrar sus lágrimas y consolarlo.

Jaculatoria: *« Madre Santa, derrama las lágrimas de Jesús en mi corazón para que dispongas en mí el triunfo de la Divina Voluntad. »*

Día 23. La Reina del Cielo en el Reino de la Divina Voluntad. Suena la primera hora del dolor. Una estrella con su muda voz llama a los Magos a adorar a Jesús. Un Profeta se hace revelador de los dolores de la Reina Soberana.

El alma a su Reina Madre

Dulcísima Madre mía, aquí estoy sobre tu regazo materno; esta hija tuya ya no puede estar sin ti; Madre mía, el dulce encanto del niño celestial que ahora estrechas entre tus brazos y que de rodillas adoras y amas en el pesebre, me extasía, pensando que la dichosa suerte y el mismo pequeño Rey Jesús no son más que frutos y dulces y preciosas prendas del *Fiat Divino* que extendió en ti su Reino. ¡Oh, Madre, dame tu palabra de que harás uso de tu potencia para formar en mí el Reino de la Divina Voluntad!

Lección de mi Madre Celestial

Querida hija mía, que contenta estoy de tenerte cerca de mí para poder enseñarte cómo en todas las cosas se puede extender el Reino de la Divina Voluntad. Todas las cruces, los dolores y las humillaciones revestidas por la vida del *Fiat Divino* son como materia prima en sus manos con la cual se puede alimentar su Reino y extenderlo siempre más.

Por eso, préstame atención y escucha a tu Madre. Yo seguía viviendo en la gruta de Belén con Jesús y el querido San José. ¡Qué felices éramos! Aquella gruta; estando en ella el infante divino y la Divina Voluntad operante en nosotros; se había transformado en un paraíso.

Es cierto que penas y lágrimas no nos faltaban, pero en comparación con los mares inmensos de alegría, de felicidad, de luz que el *Fiat Divino* hacía surgir en cada uno de nuestros actos, eran apenas unas cuantas gotitas arrojadas en estos mares. Y además la dulce y amable presencia de mi querido Hijo era una de las cosas que más feliz me hacía.

Querida hija mía, tú debes saber que al octavo día de haber nacido el niño celestial a la luz del sol, el *Fiat Divino* sonó la hora del dolor mandándonos circuncidar a nuestro Hijito. Era un corte dolorosísimo al que tenía que someterse el pequeño Jesús, pues la ley de aquellos tiempos imponía que todos los primogénitos se sometieran a este doloroso corte. Se le puede llamar ley del pecado, pero mi Hijo era inocente y su ley era la ley del amor; sin embargo, como vino a encontrar no al hombre rey sino al hombre degradado, quiso degradarse y someterse a la ley, para hacerse hermano suyo y elevarlo.

Hija mía, San José y yo, sentimos un estremecimiento de dolor, pero impávidos y sin vacilar llamamos al ministro y se le hizo la circuncisión con un corte dolorosísimo. El niño Jesús lloraba por el dolor y se arrojó a mis brazos pidiéndome ayuda. San José y yo mezclamos nuestras lágrimas con las suyas; se recogió la sangre que derramó por primera vez por amor de las criaturas y se le puso el Nombre de Jesús, Nombre potente, que habría de hacer temblar cielos y tierra y hasta al mismo infierno; Nombre que habría de ser bálsamo, defensa y ayuda para todos los corazones.

Este corte fue la imagen del cruel corte que el hombre le hizo a su alma haciendo su voluntad; mi querido Hijo quiso ser circuncidado para sanar este duro corte hecho por las voluntades humanas, para sanar con su sangre las heridas hechas por tantos pecados que el veneno de la voluntad humana ha producido en las criaturas.

De manera que cada acto de voluntad humana es un corte que se hace y una llaga que se abre; y el niño celestial preparaba con su dolorosa circuncisión el remedio para todas las heridas producidas por la voluntad humana.

Hija mía, otra sorpresa: una nueva estrella resplandece bajo la bóveda del cielo y con su luz va buscando adoradores para conducirlos a que reconozcan y adoren al niñito Jesús; tres personajes, el uno lejano del otro, quedan tocados, e iluminados por una luz suprema y siguen la estrella que los conducirá a la gruta de Belén a los pies del niñito Jesús.

Pero, ¿cuál no fue la sorpresa de estos Reyes Magos al reconocer en el divino infante al Rey del Cielo y de la Tierra, a aquél que venía a amar y a salvar a todos? Porque en el acto en que los magos lo adoraban extasiados por su belleza celestial, el recién nacido niño hizo que se transparentara su Divinidad fuera de su pequeña humanidad. Y yo, poniendo en ejercicio mi oficio de Madre, les hablé largamente de la venida del Verbo y fortifiqué en ellos la fe, la esperanza y la caridad, símbolo de los dones que le ofrecieron a Jesús. Después de todo esto, llenos de alegría, regresaron a sus lugares de origen, para ser los primeros propagadores del nacimiento del Salvador.

Querida hija mía, no te separes de mí, sígueme a todos lados. Están por cumplirse los cuarenta días de haber nacido el pequeño Rey Jesús y el *Fiat Divino* nos llama al templo para cumplir la ley de la presentación de mi Hijo. Era la primera vez que salía en compañía de mi dulce niño. Una vena de dolor se abrió en mi Corazón: ¡Iba a ofrecerlo víctima por la salvación de todos! Así que fuimos al templo y entrando, lo primero que hicimos fue adorar a la Majestad Suprema.

Después llamamos al sacerdote y poniéndolo entre sus brazos hice el ofrecimiento del niño celestial al Padre Eterno ofreciéndolo en sacrificio por la salvación de todos. Cuando lo puse en sus brazos el sacerdote reconoció que era el Verbo Divino y exultó de una alegría inmensa. Después del ofrecimiento me profetizó todos mis dolores. ¡Oh, cómo el Fiat Supremo hizo vibrar intensamente mi Corazón materno con el eco de su voz que me anunciaba la fatal tragedia de todas las penas que debía sufrir mi pequeño Hijo! Pero lo que más traspasó mi Corazón fueron aquellas palabras que me dijo el Santo Profeta: « *Este querido niño será la salvación y la ruina de muchos; blanco de las contradicciones.* »

Si la Divina Voluntad no me hubiera sostenido habría muerto al instante de puro dolor. Sin embargo me dio vida y se sirvió de todo aquello para formar en mí el Reino de los dolores en el Reino de su misma Voluntad. De manera que junto con el derecho de Madre que ya tenía sobre todos, adquirí el derecho de ser Madre y Reina de todos los dolores. ¡Ah, sí! Con mis dolores pude adquirir la moneda que se necesitaba para pagar las deudas de mis hijos, incluyendo las de los que me son ingratos.

Hija mía, tú debes saber que en la luz de la Divina Voluntad yo ya conocía todos los dolores que debía padecer y hasta más de los que me dijo el santo profeta, pero en aquel acto tan solemne de ofrecer a mi Hijo, al volverlos a escuchar, me sentí talmente traspasada, que me sangró el Corazón y se abrieron profundas heridas en mi alma.

Ahora, escucha a tu Madre; en tus penas, en los encuentros dolorosos que no te faltan, nunca te vayas a desanimar, con heroico amor, haz que la Divina Voluntad tome su trono real en tus penas, para que te las convierta en monedas de infinito valor, con las cuales podrás pagar las deudas de tus hermanos, para rescatarlos de la esclavitud de la voluntad humana y hacer que entren de nuevo en el Reino del *Fiat Divino* como hijos libres.

El alma

Madre Santa, pongo todas mis penas en tu Corazón traspasado, tú sabes cuánto traspasan mi corazón. Ah, Madre mía, ayúdame y derrama en mi corazón el bálsamo de tus dolores, para que a mí también me toque tu misma suerte y pueda servirme de mis penas como de monedas con las cuales poder conquistar el Reino de la Divina Voluntad.

Propósito: Para honrarme este día, vendrás a mis brazos, para que derrame en ti la sangre que el niño celestial derramó por primera vez, para sanarte las heridas que te ha hecho tu voluntad humana; me ofrecerás también tres actos de amor para mitigar el dolor atroz que le causó la herida al niño Jesús.

Jaculatoria: « *Madre mía, derrama tu dolor en mi alma y convierte todas mis penas en Voluntad de Dios.* »

Día 24. La Reina del Cielo en el Reino de la Divina Voluntad. Un impío tirano. El pequeño Rey Jesús es conducido por su Madre y San José a una tierra extranjera, a donde van como pobres exiliados. El regreso a Nazaret.

El alma a su Reina de los Dolores

Soberana Madre mía, tu pequeña hija siente la necesidad de venir cerca de tus rodillas maternas, para hacerte un poco de compañía. Veo que tu rostro está velado por la tristeza y que se te escapan algunas lágrimas de los ojos. Tu dulce niñito tiembla y solloza por el dolor.

Madre Santa, quiero unir mis penas a las tuyas para confortarte y para calmarle el llanto al niño celestial. Ah, Madre mía, no me lo niegues, revélame el secreto: ¿qué hay de funesto para mi querido niño?

Lección de la Madre y Reina

Querida hija mía, hoy el Corazón de tu Madre está rebosando de amor y de dolor, tanto que no puedo contener las lágrimas. Tú sabes de la venida de los reyes magos; ellos al pasar por Jerusalén preguntando por el nuevo Rey hicieron correr un rumor. El impío Herodes, por temor a ser derrocado del trono ha dado ya la orden de matar a mi amado Jesús, a mi dulce Vida, junto con todos los demás niños.

¡Qué dolor, hija mía! ¡Quieren matar mi Jesús, a él que ha venido a darles la vida a todos y a traer al mundo una nueva era de paz, de felicidad y de gracia! ¡Qué ingratitud! ¡Qué perfidia! ¡Ah, hija mía, hasta donde llega la ceguera de la voluntad humana! Llega hasta hacerse feroz, a atarle las manos al Creador mismo y querer ser dueña de quien la creó. Por eso, compadécete, hija mía, y trata de calmarle el llanto al dulce niño; llora por la ingratitud humana que habiendo apenas nacido ya lo quiere matar.

De manera que para salvarlo nos vemos obligados a huir. Ya San José ha sido advertido por el Ángel, quien le ha dicho que partamos rápidamente para tierra extranjera. Tú acompáñanos, hija querida, no nos dejes solos y yo seguiré dándote mis lecciones sobre los graves males que puede provocar la voluntad humana.

Tú debes saber que apenas el hombre se separó de la Divina Voluntad, rompió con su Creador. Todo lo que Dios había hecho sobre la tierra lo hizo por el hombre, todo era de él y, no queriendo hacer la Voluntad de Dios, perdió todos sus derechos, bien se puede decir que no tenía a donde ir; de manera que se convirtió en un pobre exiliado, en un peregrino que no podía poseer una habitación permanente y esto no solamente en el alma, sino también en el cuerpo. Todas las cosas se hicieron mutables para el pobre hombre y si algo le quedó fue en virtud de los méritos previstos de este niño celestial. Y esto porque toda la magnificencia de la creación fue destinada por Dios para darla a quienes hubieran hecho la Divina Voluntad y vivido en su Reino. Todos los demás, si toman alguna cosa, son verdaderos ladrones de su Creador, pues no quieren hacer la Divina Voluntad pero si quieren los bienes que le pertenecen.

Hija mía, escucha cuanto te amamos tanto yo como este querido niño. A los primeros albores de su vida debe ir al exilio, a una tierra extranjera, para liberarte del exilio en que tu voluntad humana te ha arrojado y llamarte para que regreses a vivir, ya no en tierra extranjera, sino en tu patria, la cual te fue dada por Dios cuando te creó, y es decir, en el Reino del *Fiat Supremo*. Hija de mi Corazón, ten piedad de las lágrimas de tu Madre y de las de este querido y dulce niño; llorando te rogamos que nunca hagas tu voluntad y te suplicamos que vuelvas al seno de la Divina Voluntad que tanto te quiere.

Querida hija, entre el dolor de la ingratitud humana, las inmensas alegrías que el *Fiat Divino* nos daba y la fiesta que le hizo toda la creación a mi dulce niño; la tierra reverdecía y florecía a nuestro paso, para ofrecerle su homenaje al Creador; el sol lo iluminaba y entonando himnos con su luz, se sentía honrado de darle su luz y calor; el viento lo acariciaba, los pajarillos casi como si fueran nubes revoloteaban en torno a nosotros y con sus trinos y cantos le cantaban las más bellas canciones de cuna a mi amado niño, para calmarle el llanto y reconciliarle el sueño. Hija mía, estando en nosotros la Divina Voluntad teníamos poder sobre todo.

Llegamos entonces a Egipto y después de un largo período el Ángel del Señor le hizo saber a San José que regresáramos a la casa de Nazaret, porque el impío tirano había muerto. Fue así que volvimos a nuestra patria, a nuestra tierra nativa.

Hija mía, Egipto simboliza la voluntad humana, tierra llena de ídolos, mismos que el niño Jesús derribaba a su paso encerrándolos en el infierno. ¡Cuántos ídolos posee la voluntad humana! Ídolos de vanagloria, de estima propia y de pasiones que tiranizan a la pobre criatura.

Por eso, está atenta, escucha a tu Madre, que para hacer que nunca vuelvas a hacer tu voluntad haría cualquier sacrificio y daría también la vida, para poder darte el gran bien de que vivas siempre en el seno de la Divina Voluntad.

El alma

¡Cuánto te agradezco, dulcísima Madre mía, que me hayas hecho comprender el gran mal de mi voluntad humana! Por eso, te ruego que por el dolor que sufriste durante tu exilio en Egipto, hagas que mi alma salga del exilio de mi voluntad y vuelva a mi amada patria: la Divina Voluntad.

Propósito: Para honrarme este día, le ofrecerás al niño Jesús tus acciones unidas a las mías en acción de gracias, pidiéndole que entre en el Egipto de tu corazón para transformarlo todo en Voluntad de Dios.

Jaculatoria: « *Madre mía, encierra al pequeño Jesús en mi corazón para que me lo reordene en la Divina Voluntad.* »

Día 25. La Reina del Cielo en el Reino de la Divina Voluntad. Nazaret: símbolo y realidad del Reino del Fiat Divino; la vida oculta. La depositaria, fuente y canal perenne.

El alma a su Reina

Dulce Madre, aquí estoy de nuevo junto a tu regazo materno donde te encuentro en compañía del niño Jesús; tú acariciándolo le cuentas tu historia de amor y Jesús te cuenta la suya.

¡Oh, qué bello es ver a Jesús y a su Madre que se hablan mutuamente! Y es tanto el ardor de su amor que perdiendo el habla entran en éxtasis, extasiados la Madre en el Hijo y el Hijo en la Madre.

Madre Santa, no me hagas a un lado, tenme junto a ti, para que escuchándote aprenda a amarte a ti y a Jesús y a hacer siempre la Santísima Voluntad de Dios.

Lección de la Reina del Cielo

¡Oh!, cómo te esperaba, hija mía, para darte mis lecciones sobre el Reino que el *Fiat Supremo* extendía cada día más en mí.

Tú debes saber que la pequeña casa de Nazaret era un paraíso para tu Madre, para nuestro amado y dulce Jesús y para San José.

Mi querido Hijo, siendo el Verbo Eterno, poseía en sí mismo, por virtud propia, la Divina Voluntad y en su pequeña humanidad residían mares inmensos de luz, de santidad, de alegrías y de bellezas infinitas; yo poseía por gracia la Divina Voluntad y aunque no podía abrazar la inmensidad como mi amado Jesús, pues él era Dios y hombre y yo era siempre una criatura finita, no obstante el [i]Fiat[-i] Divino me llenó tanto que formó en mí sus mares de luz, de santidad, de belleza y felicidad; era tanta la luz, el amor, y todo lo que puede poseer una Voluntad Divina, que se llegaba a vislumbrar fuera de nosotros y San José quedaba eclipsado e inundado y vivía de nuestros reflejos.

Querida hija, en esta casa de Nazaret estaba en pleno vigor el Reino de la Divina Voluntad. Cada pequeño acto nuestro, es decir, el trabajo, el encender el fuego, el preparar la comida, todo estaba animado por la Voluntad Suprema y formado sobre la solidez de la santidad y del amor más puro. Así que desde el más pequeño hasta el más grande de nuestros actos emanaba alegrías, felicidad, bienaventuranzas inmensas y nosotros quedábamos talmente inundados, que nos sentíamos bañados por una lluvia torrencial de alegrías y gozos indescriptibles.

Hija mía, tú debes saber que la Divina Voluntad posee por naturaleza la fuente de toda alegría y cuando reina en la criatura se complace comunicándole a cada uno de sus actos el acto nuevo y continuo de sus alegrías y felicidad.

¡Oh, qué felices éramos! ¡Todo era paz, unión suma y nos sentíamos honrados de obedecernos el uno al otro! ¡Hasta mi querido Hijo, a cual más, quería ser mandado en los pequeños quehaceres tanto por mí como por el querido San José!

¡Oh, qué bonito era verlo ayudar a su padre putativo en los trabajos manuales, verlo tomar sus alimentos! ¡Cuántos actos de gracia hacía correr en aquellos actos a beneficio de todas las criaturas!

Ahora bien, querida hija mía, escúchame; en esta casa de Nazaret fue formado, en tu Madre y en la humanidad de mi Hijo, el Reino de la Divina Voluntad, para donarlo a la familia humana cuando se dispusiera a recibir el bien de este Reino. Mi Hijo era Rey y yo era Reina, sin embargo éramos Reyes sin un pueblo; nuestro Reino bien podía abarcar a todos y darle vida a todos, sin embargo estaba desierto, pues era necesario que primero viniera la redención, para preparar y disponer al hombre para que pudiera entrar a este Reino tan Santo; tanto más que, siendo poseído por mí y por mi Hijo, que pertenecíamos según el orden humano a la familia humana y en virtud del *Fiat Divino* y del Verbo encarnado a la familia divina, las criaturas recibían el derecho de entrar a este Reino y la Divinidad, cediendo sus derechos, dejaba las puertas abiertas para quien quisiera entrar. Por eso, nuestra vida oculta, la cual duró tantos años, sirvió para prepararles el Reino de la Divina Voluntad a las criaturas.

Esta es la razón por la que quiero darte a conocer lo que hizo en mí el *Fiat Supremo*, para que te olvides de tu voluntad y dándole la mano a tu Madre, te pueda conducir en los bienes que con tanto amor te he preparado.

Dime, hija de mi Corazón, ¿nos complacerás a mi querido Hijo y a mí, que con tanto amor te esperamos en este Reino tan Santo, para que vivas junto con nosotros y vivas enteramente de Voluntad Divina?

Querida hija mía, escucha, otro exceso de amor que mi amado Jesús me donó en esta casa de Nazaret: él me hizo depositaria de toda su vida. Cuando Dios hace una obra no la deja suspendida en el vacío, sino que siempre busca una criatura en la cual poder encerrar y apoyar toda su obra, de lo contrario correría el peligro de que Dios expusiera sus obras a la inutilidad, lo cual no puede ser. Es por eso que mi amado Hijo depositaba en mí sus obras, sus palabras, sus penas, todo, hasta sus respiros depositaba en mí. Retirándonos a nuestra habitación él tomaba la palabra y con una dulzura extraordinaria me narraba todos los Evangelios que debía predicar al pueblo, los sacramentos que debía instituir, todo me confió y depositando todo en mí me constituyó canal y fuente perenne, porque de mí debía salir su vida y todos sus bienes a beneficio de todas las criaturas.

¡Oh, cómo me sentía rica y feliz al sentir que mi amado Hijo Jesús depositaba en mí todo lo que hacía! La Divina Voluntad que reinaba en mí me daba el espacio para poder recibirlo todo y Jesús se sentía correspondido de parte mía por todo el amor y la gloria de la obra de la redención.

¿Qué cosa no llegué a recibir de Dios por no haber hecho nunca mi Voluntad sino siempre la suya? Todo, hasta la vida misma de mi Hijo estaba a mi disposición y mientras era siempre mía, podía bilocar la vida de mi Hijo para dársela a quien me la pidiera con amor.

Y ahora, hija mía, unas palabras para ti. Si te decides a hacer siempre la Divina Voluntad y nunca la tuya, viviendo en ella, yo, tu Madre, depositaré todos los bienes de mi Hijo en tu alma. ¡Oh, qué afortunada te sentirás! Tendrás a tu disposición una vida divina que te dará todo; y yo, como verdadera Madre tuya, cuidaré que esta vida divina crezca en ti y forme el Reino de la Divina Voluntad en tu alma.

El alma

Madre Santa, me abandono en tus brazos. Soy una de tus hijas más pequeñas que siente la extrema necesidad de tus cuidados maternos. Te suplico que tomes mi voluntad y la encierres en tu Corazón; nunca más me la vayas a dar, para que pueda ser feliz viviendo siempre de Voluntad Divina. Así te complaceré a ti y a mi amado Jesús.

Propósito: Para honrarme en este día, vendrás a visitarme tres veces a la casa de Nazaret y para honrar a la Sagrada Familia recitarás tres veces el « Padre Nuestro », el « Ave María » y el « Gloria al Padre », pidiéndonos que te admitamos a vivir entre nosotros.

Jaculatoria: « *Jesús, María y José, háganme vivir junto con ustedes en el Reino de la Voluntad de Dios.* »

Día 26. La Reina del Cielo en el Reino de la Divina Voluntad. La hora del dolor se aproxima; dolorosa separación. Jesús en su vida pública y apostólica.

El alma a su Madre Celestial

Aquí estoy de nuevo junto a ti Madre mía y Reina mía; hoy mi amor de hija me hace correr para ser espectadora de cuando mi dulce Jesús, separándose de ti, emprenda el camino para llevar a cabo su vida apostólica entre las criaturas.

Madre Santa, sé que sufrirás mucho, cada momento que estarás separada de Jesús te costará la vida, y yo, tu hija, no quiero dejarte sola, quiero secarte las lágrimas y con mi compañía, quiero romper tu soledad; y mientras estemos juntas tú seguirás dándome tus lecciones sobre la Divina Voluntad.

Lección de la Reina del Cielo

Querida hija mía, me será muy agradable tu compañía, porque sentiré en ti el primer don de mi Jesús, don formado de puro amor, fruto de su sacrificio y del mío, don que me costará la vida de mi Hijo.

Préstame atención y escúchame, hija mía; para tu Madre comienza una vida de dolor, de soledad y de largas separaciones de mi Sumo Bien, Jesús. Su vida oculta ha terminado, y ahora siente la irresistible necesidad de amor de salir en público, de darse a conocer y de ir en busca del hombre, perdido en el laberinto de su voluntad, a merced de todos los males. El querido San José ya había muerto y yo me quedé sola en la pequeña casita de Nazaret.

Cuando mi amado Jesús me pidió la obediencia de partir, pues nunca hacía nada si antes no me lo decía, yo sentí que se me desgarraba el Corazón, pero sabiendo que esa era la Voluntad Suprema, yo dije de inmediato mi Fiat, no vacilé ni un instante, y con el mío y el *Fiat Divino* de mi Hijo, nos separamos. En el ímpetu de nuestro amor me bendijo y me dejó. Yo lo acompañé con la mirada hasta donde pude y después, regresando, me abandoné a la Divina Voluntad que era mi vida. Pero, ¡oh potencia del *Fiat Divino*! Esta Santa Voluntad Divina hizo que yo no perdiera nunca de vista a mi Hijo, ni que él me perdiera a mí de vista, es más, yo sentía el palpitar de su Corazón en el mío y Jesús el mío en el suyo.

Hija querida, la Divina Voluntad me había dado a mi Hijo y lo que la Divina Voluntad da no está sujeto a acabarse ni a sufrir separación; sus dones son permanentes y eternos. De manera que mi Hijo era mío, nadie me lo podía quitar: ni la muerte, ni el dolor, ni la separación, porque fue la Divina Voluntad que me lo donó. Así que nuestra separación era aparente, pues estábamos fundidos el uno en el otro, tanto más que una era la Voluntad que nos animaba, ¿cómo podíamos entonces separarnos?

Tú debes saber que la luz de la Divina Voluntad me hacía ver como trataban mal a mi Hijo ¡con cuanta ingratitud! El dirigió sus primeros pasos hacia Jerusalén y el primer lugar que visitó fue el templo santo, ahí comenzó la serie de sus predicaciones. Pero, ¡qué dolor! Su palabra llena de vida, portadora de paz, de amor y de orden, era mal interpretada y escuchada de mala gana, especialmente por los doctos y sabios de aquellos tiempos. Cuando mi Hijo decía que era el Hijo de Dios, el Verbo del Padre, aquél que había venido a salvarlos, lo tomaban a mal, tanto que con sus miradas furibundas parecía que se lo querían comer vivo.

¡Oh, cómo sufría mi amado Jesús! Rechazando su palabra creadora le hacían sentir la muerte que le daban a su divina palabra; yo estaba sumamente atenta, contemplando su Divino Corazón que sangraba y le ofrecía mi Corazón materno para recibir sus mismas heridas, para confortarlo y darle un apoyo cuando estaba por sucumbir. ¡Oh, cuántas veces después de haber desmenuzado su palabra lo veía olvidado por todos, sin que nadie le ofreciera un consuelo, totalmente solo, afuera de los muros de la ciudad, al abierto, bajo el cielo estrellado apoyado a un árbol llorando y rogando por la salvación de todos! Y tu Madre, querida hija mía, desde su casita lloraba junto con él y en la luz del *Fiat Divino* le mandaba mis lágrimas para reanimarlo, mis castos abrazos y mis besos para confortarlo.

Mi amado Hijo al verse rechazado por los grandes, por los doctos, no se detuvo; ¡no podía detenerse! Su amor corría porque quería almas; se rodeó entonces de pobres, de afligidos, de enfermos, de cojos, de ciegos, de mudos y de otras pobres criaturas oprimidas por tantos males; todos imágenes de los males producidos por la voluntad humana. Jesús los sanaba a todos y a todos consolaba e instruía. De manera que vino a ser el Amigo, el Padre, el Médico, el Maestro de los pobres.

Hija mía, bien se puede decir que fueron los pobres pastores los que habiendo ido a visitarlo lo recibieron cuando nació, y ahora, son los pobres también quienes lo siguen durante los últimos años de su vida sobre la tierra hasta su muerte, Porque los pobres, los ignorantes, son más sencillos, menos apegados a sus juicios y por lo tanto los más favorecidos, los más bendecidos y los hijos predilectos de mi amado Hijo. Tanto es así que escogió a unos pobres pescadores para que fueran los apóstoles y las columnas de la nueva Iglesia.

Querida hija mía, si te quisiera narrar todo lo que hicimos y sufrimos mi Hijo y yo en estos tres años de su vida pública me extendería demasiado. En el *Fiat Divino* nos separamos el uno del otro y el *Fiat Divino* me dio la fuerza para hacer el sacrificio. Te recomiendo, pues, que en todo lo que puedas, hagas y sufras, el *Fiat Divino* sea tu primer y último acto. Así, si todo lo encierras en el Fiat Eterno, podrás hallar fuerza para todo, hasta en aquellas penas que te cuestan la vida. Por eso, dame tu palabra de que te encontrarás siempre en la Divina Voluntad, así te sentirás tú también inseparable de mí y de nuestro Sumo Bien.

El alma

Dulcísima Madre mía, ¡cuánto te compadezco al verte sufrir tanto! Te suplico que derrames en mi alma tus lágrimas y las de Jesús, para reordenarla y encerrarla en el *Fiat Divino*.

Propósito: Para honrarme en este día, me darás todas tus penas para hacerme compañía en mi soledad y en cada pena pondrás un te amo para mí y para tu Jesús, para reparar por quienes no quieren escuchar las enseñanzas de Jesús.

Jaculatoria: « *Madre Divina, tu palabra y la de Jesús penetren en mi Corazón y formen en mí el Reino de la Divina Voluntad.* »

Día 27. La Reina de los Dolores en el Reino de la Divina Voluntad. Suena la hora del dolor; la pasión, el deicidio. Llanto de toda la naturaleza.

El alma a su Madre Dolorosa

Mi querida Madre Dolorosa, hoy más que nunca siento la necesidad irresistible de estar cerca de ti, no me separaré de tu lado para ser espectadora de tus intensos dolores y pedirte, como hija tuya, la gracia de que deposites en mí tus dolores y los de tu Hijo Jesús, incluso su misma muerte, para que su muerte y tus dolores me den la gracia de hacerme morir continuamente a mi voluntad y sobre ella hacerme resucitar a la Divina Voluntad.

Lección de la Reina del Cielo

Queridísima hija mía, no me niegues tu compañía en medio de tanta amargura. La Divinidad ha ya decretado el último día de vida de mi Hijo sobre la tierra. Ya un apóstol lo ha traicionado poniéndolo en manos de los judíos para hacerlo morir. Mi amado Hijo, en un exceso de amor, no queriendo dejar a sus hijos, que con tanto amor vino a buscar a la tierra, se queda en el sacramento de la Eucaristía, para que quien quiera pueda poseerlo. Así que la vida de mi Hijo está por terminar, está por emprender el vuelo hacia su patria celestial. ¡Ah, hija mía, el *Fiat Divino* me lo dio y yo en el *Fiat Divino* lo recibí y ahora en el mismo *Fiat Divino* lo entrego!

Se me rompe el Corazón; mares inmensos de dolor me inundan; siento que la vida se me escapa por el sufrimiento atroz.

Pero yo no podía negarle nada al *Fiat Divino*, es más yo estaba bien dispuesta a sacrificarlo en la Divina y omnipotente Voluntad; yo sentía en mí una fuerza tal, en virtud de la Divina Voluntad, que yo hubiera preferido morir antes que negarle cualquier cosa a la Divina Voluntad.

Ahora, escucha, hija mía; mi Corazón materno se encuentra ahogado en penas, ¡con solo pensar que debe morir mi Hijo, mi Dios, mi Vida, me siento peor que si debiera morir yo misma! No obstante, sé que debo seguir viviendo. ¡Qué aflicción tan grande! ¡Qué profundas heridas se abren en mi Corazón y como espadas bien afiladas me lo traspasan de lado a lado! Sin embargo, hija mía, me duele decírtelo, pero debo hacerlo: en estas penas y desgarros profundos y en las penas de mi Hijo amado estaba tu alma, tu voluntad humana, que no dejándose dominar por la Voluntad de Dios, nosotros la cubríamos con nuestra penas, para que se dispusiera a recibir la vida de la Divina Voluntad.

¡Ah, si el *Fiat Divino* no me hubiera sostenido y no hubiera continuado donándome sus mares infinitos de luz, de felicidad junto a los mares de mis tremendos dolores, yo habría muerto tantas veces por cuantas penas tuvo que sufrir mi querido Hijo! ¡Oh, cómo me sentí despedazada cuando la última vez que lo vi se me presentó pálido, con una tristeza mortal sobre su rostro! Con voz temblorosa, como si quisiera sollozar me dijo:

« *¡Madre mía, adiós! Bendice a tu Hijo y dame la obediencia de morir; si mi Fiat Divino y el tuyo me concibieron en ti, mi Fiat Divino y el tuyo me deben hacer morir; ánimo, oh, Madre querida, pronuncia tu Fiat y dime: "Te bendigo y te doy la obediencia de morir crucificado, así lo quiere la Divina Voluntad, así lo quiero también yo".* »

¡Hija mía, qué cosa tan terrible para mi Corazón traspasado! Sin embargo, tuve que decirlo, porque en nosotros no existían las penas forzadas, todas eran voluntarias. Entonces, él me bendijo y yo lo bendije a él, y mirándonos con esa mirada que no sabe cómo separarse del objeto amado, mi querido Hijo, mi dulce Vida, partió y yo, tu Madre Dolorosa, lo dejé; pero con los ojos del alma no lo perdí nunca de vista. Lo seguí en el huerto en su tremenda agonía, ¡oh, cómo me sangró el Corazón al verlo abandonado por todos, hasta por sus fieles y amados apóstoles!

Hija mía, el verse abandonado por las personas que uno más quiere es uno de lo dolores más grandes para un corazón humano, especialmente en los momentos más difíciles de la vida, en particular para mi Hijo que los había tanto amado y beneficiado y que estaba en acto de dar la vida por quienes ya lo habían abandonado en las horas extremas de su vida, más aún, habían huido. ¡Qué dolor, qué dolor! Y yo, viéndolo agonizar y sudar sangre agonizaba junto con él y lo sostenía entre mis brazos maternos. Yo era inseparable de mi Hijo; sus penas se reflejaban en mi Corazón deshecho de dolor y de amor y yo las sentía más que si fueran mías.

Así lo seguí durante toda la noche; no hubo pena ni acusación que le hicieran que no hiciera eco en mi Corazón. Pero al alba del día siguiente, no pudiendo más, acompañada por su discípulo Juan, por la Magdalena y otras piadosas mujeres, lo quise seguir paso a paso, de tribunal en tribunal.

Querida hija mía, yo escuchaba el estruendo de los golpes que llovían sobre el cuerpo desnudo de mi Hijo; escuchaba las burlas, las risas satánicas y los golpes que le daban sobre la cabeza cuando lo coronaron de espinas. Lo vi cuando Pilato lo mostró al pueblo, desfigurado e irreconocible, y mis oídos quedaron ensordecidos al oír el grito unánime:

« ¡Crucifícalo, Crucifícalo! »

Lo vi cargando la cruz sobre sus hombros, exhausto, afanado y yo, no pudiendo soportar más, apresuré el paso para acercarme a él y abrazarlo por última vez y enjugar su rostro completamente bañado de sangre, pero... ¡para nosotros no había piedad! Los crueles soldados lo jalaron de las cuerdas y lo hicieron caer.

Hija mía, ¡qué pena desgarradora el no poder socorrer en tantas penas a mi querido Hijo! Cada pena abría un océano de dolor en mi Corazón traspasado. Finalmente lo seguí al calvario, donde, en medio de penas inauditas y contorsiones de lo más terribles fue crucificado y elevado en la cruz; sólo entonces me fue concedido estar a los pies de la cruz para recibir de sus labios moribundos el don de todos mis hijos y el derecho y sello de mi maternidad sobre todas las criaturas. Poco después, entre inauditos espasmos, expiró.

Toda la naturaleza se vistió de luto y lloró la muerte de su Creador. Lloró el sol obscureciéndose y retirándose, horrorizado, de la faz de la tierra; lloró la tierra con un fuerte temblor, desgarrándose en varios puntos por el dolor de la muerte de su Creador; todos lloraron: las sepulturas abriéndose, los muertos resucitando, y también el velo del templo lloró de dolor desgarrándose; todos perdieron el brío y se sintieron aterrorizados y espantados.

Hija mía, tu Madre, petrificada por el dolor, lo esperaba para recibirlo entre sus brazos y encerrarlo en el sepulcro.

Y ahora, escúchame en mi intenso dolor. Quiero hablarte con las penas de mi Hijo de los graves males de tu voluntad humana. ¡Míralo entre mis brazos adoloridos, mira como está desfigurado!

Es el verdadero retrato de todos los males que la voluntad humana les causa a las pobres criaturas y mi querido Hijo quiso sufrir tanto para volver a elevar a esta voluntad que se encontraba caída en el abismo de todas las miserias; cada pena de Jesús y cada uno de mis dolores lo llamaban a resucitar en la Voluntad de Dios. Fue tanto nuestro amor que, para poner al seguro a esta voluntad humana, la llenamos de nuestras penas hasta ahogarla y encerrarla en los mares inmensos de mis dolores y de los de mi amado Hijo. Hija mía, este día de dolores para tu Madre es todo para ti; por eso, para corresponderme, pon en mis manos tu voluntad, para que la encierre en las llagas sangrantes de Jesús, como la más bella victoria de su pasión y muerte y triunfo de mis intensos dolores.

El alma

Madre Dolorosa, tus palabras hieren mi corazón y me siento morir al escuchar que mi rebelde voluntad ha sido la que te ha hecho sufrir tanto. Por eso, te ruego que la encierres en las llagas de Jesús, para vivir de sus penas y de sus intensos dolores.

Propósito: Para honrarme en este día, besarás las llagas de Jesús ofreciéndole cinco actos de amor y pidiéndome que mis dolores sellen tu voluntad en la apertura de su costado.

Jaculatoria: « *Las llagas de Jesús y los dolores de mi Madre me den la gracia de hacer resucitar mi voluntad en la Voluntad de Dios* »

Día 28. La Reina del Cielo en el Reino de la Divina Voluntad. El limbo. La espera. La victoria sobre la muerte. La Resurrección.

El alma a su Reina Madre

Madre mía, traspasada de dolor, tu pequeña hija, sabiendo que te encuentras sola sin tu bien amado Jesús, quiere tenerte estrechada a sí para hacerte compañía en tu amarga desolación. Sin Jesús todo se convierte en dolor para ti. El recuerdo de sus atroces penas, el dulce tono de su voz, que aún hace eco en tus oídos, su fascinante mirada unas veces dulce otras triste, o a veces en lágrimas, pero que siempre cautivaban tu Corazón materno, el no tenerlo más contigo, todos estos recuerdos como espadas afiladas atraviesan tu Corazón traspasado.

Madre desolada, tu querida hija quiere ofrecerte un alivio y su compasión por cada pena que sufres. Más aún, quisiera ser Jesús para poder darte todo el amor, todo el consuelo, el alivio y la compasión que te hubiera dado él mismo viéndote en este estado de amarga desolación. El dulce Jesús me ha hecho hija tuya, por eso, ponme a mí también en su lugar en tu Corazón materno y así seré completamente tuya, te secaré las lágrimas y te haré compañía.

Lección de la Reina y Madre desolada

Querida hija mía, gracias por tu compañía, pero si quieres que tu compañía me sea dulce, apreciable y portadora de alivio para mi Corazón traspasado, quiero hallar en ti la Divina Voluntad operante y dominante y que no le cedas a tu voluntad ni siquiera un hálito de vida. Sólo entonces sí que te pondré en el lugar de Jesús, porque estando su Voluntad en ti, en ella sentiré a Jesús en mi Corazón. ¡Oh, qué feliz seré de poseer en ti el primer fruto de sus penas y de su muerte! Hallando en mi hija a mi amado Jesús, mis penas se transformarán en gozo y mis dolores en conquistas.

Y ahora, escúchame, hija de mis dolores. En cuanto expiró mi querido hijo, descendió al limbo como triunfador y portador de alegría y felicidad; en aquella cárcel se encontraban todos los patriarcas, los profetas, nuestro primer padre Adán, el querido San José, mis santos padres y todos aquellos que en virtud de los méritos previstos del futuro Redentor se habían salvado.

Yo era inseparable de mi Jesús y ni siquiera la muerte me lo podía quitar. Por eso, no obstante el ímpetu de mis dolores, lo seguí al limbo y ahí fui espectadora de la fiesta de acción de gracias que toda aquella multitud de almas le dio a mi Hijo por haber sufrido tanto y por haber dirigido sus primeros pasos hacia ellos, para beatificarlos y llevárselos con él a la gloria celestial. Así que, apenas murió, comenzaron en seguida las conquistas y la gloria para Jesús y para quienes lo amaban. Esto, querida hija mía, es símbolo de la criatura que, dándole muerte a su voluntad humana uniéndose a la Divina Voluntad, comienza sus conquistas en el orden divino, de la gloria y del gozo aun en medio a los más grandes dolores.

Así que, a pesar de que los ojos de mi alma siguieron a mi Hijo y nunca lo perdí de vista, durante los tres días que estuvo sepultado, yo sentí un ansia tal de verlo resucitado, que en el ímpetu de mi amor repetía con insistencia: « *¡Surge, Gloria mía! ¡Surge, Vida mía!* » Y eran tan ardientes mis deseos, mis suspiros de fuego, que me sentía consumir.

Ahora bien, llena de ansias como estaba, vi que mi amado Hijo acompañado de aquella gran multitud de gente, salió del limbo en acto de triunfo y se dirigió al sepulcro. Era el alba del tercer día; y como toda la naturaleza lo lloró, así ahora se llenó de gozo, tanto que el sol anticipó su curso para estar presente en el acto en que mi Hijo resucitaba. Pero, ¡oh, qué maravilla! Antes de resucitar le hizo ver a toda aquella multitud de gente su Ss. Humanidad sangrante, llagada, desfigurada, tal como había sido reducida por amor a ellos y a todos; todos quedaron profundamente conmovidos y admiraron sus excesos de amor y el gran portento de la redención.

¡Oh, hija mía, cómo me hubiera gustado que hubieras estado presente en el acto en que resucitó mi Hijo! El era todo majestad, su Divinidad unida a su alma emanaba mares de luz y de belleza encantadora que inundaban cielos y tierra; y como triunfador, haciendo uso de su omnipotencia, le ordenó a su humanidad muerta que recibiera de nuevo su alma y que resucitara triunfante y gloriosa a la vida inmortal. ¡Qué acto tan solemne! Mi querido Jesús triunfaba sobre la muerte diciendo:

« *¡Oh muerte, de hoy en adelante tú no serás más muerte, sino vida!* »

Con este acto triunfal, ponía el sello de que él era Dios y Hombre; con su Resurrección no solamente confirmaba su doctrina, los milagros que hizo, la vida de los sacramentos y toda la vida de la Iglesia, sino que triunfaba sobre las voluntades humanas debilitadas y casi apagadas para el verdadero bien, para hacer triunfar sobre ellas la vida de la Divina Voluntad que debía traerles a las criaturas la plenitud de la santidad y de todos los bienes; y al mismo tiempo, en virtud de su Resurrección, depositaba en nuestros cuerpos el germen de la resurrección a la gloria imperecedera. Hija mía, la Resurrección de mi Hijo lo encierra todo, lo dice todo, lo confirma todo, es el acto más solemne que hizo por amor a las criaturas.

Y ahora escúchame: quiero hablarte como una Madre que tanto ama a su hija, quiero decirte qué significa hacer la Divina Voluntad y vivir en ella. El ejemplo te lo hemos dado mi Hijo y yo. Nuestra vida estuvo sembrada de penas, de pobreza, de humillaciones, hasta la de ver morir de penas a mi amado Hijo, pero en todo esto corría la Voluntad Divina; ella era la vida de nuestras penas y nosotros nos sentíamos triunfadores y conquistadores, al grado que la muerte misma se transformó en vida; tanto es así que al ver el gran bien que produce el sufrimiento, nos exponíamos voluntariamente a sufrir porque estando en nosotros la Divina Voluntad nada ni nadie se podía imponer sobre ella ni sobre nosotros; el sufrir estaba en nuestro poder y lo llamábamos como alimento y triunfo de la redención para poder traer el bien al mundo entero.

Así pues, querida hija mía, si tu vida y tus penas tendrán como centro de vida la Divina Voluntad, puedes estar segura de que mi dulce Jesús se servirá de ti y de tus penas para darle ayuda, luz y gracia a todo el universo. Por eso, ánimo, ten valor, la Voluntad Divina sabe hacer cosas grandes en donde ella reina y en todas las circunstancias de tu vida tenme como ejemplo a mí y a tu dulce Jesús y camina siempre adelante.

El alma

Madre Santa, si tú me ayudas y me tienes protegida bajo tu manto, haciéndome de centinela celestial, yo estoy segura de que todas mis penas las convertiré en Voluntad de Dios y de que te seguiré paso a paso por los interminables caminos del Fiat Supremo, porque sé que tu cariño de Madre y tu potencia vencerán mi voluntad y teniéndola tú en tu poder me la cambiarás con la Voluntad Divina. Por eso, Madre mía, a ti me encomiendo y entre tus brazos me abandono.

Propósito: Hoy, para honrarme, dirás siete veces: « No se haga mi voluntad, sino la tuya », ofreciéndome mis dolores para pedirme la gracia de hacer siempre la Divina Voluntad.

Jaculatoria: « *Madre mía, por la Resurrección de tu Hijo, hazme resucitar en la Voluntad de Dios.* »

Día 29. La Reina del Cielo en el Reino de la Divina Voluntad. La hora del triunfo, aparición de Jesús. Los fugitivos se estrechan a la Virgen cual Arca de salvación y de perdón. La Ascensión de Jesús al cielo.

El alma a su Madre y Reina

Madre admirable, aquí estoy una vez más sobre tu regazo materno, para unirme junto contigo a la fiesta y triunfo de la Resurrección de nuestro amado Jesús. ¡Qué bella te ves hoy, toda amabilidad, toda dulzura, toda alegría; me parece verte como resucitada junto con Jesús! ¡Oh, Madre Santa, en medio de tanta alegría y triunfo, no te olvides de tu hija; más aún, deposita en mi alma el germen de la Resurrección de Jesús, para que en virtud de ella resucite plenamente en la Divina Voluntad y viva siempre unida a ti y a mi dulce Jesús.

Lección de la Reina del Cielo

Hija bendita de mi Corazón materno, fue muy grande mi alegría y mi triunfo en la Resurrección de mi Hijo, me sentí renacida y resucitada en él; todos mis dolores se transformaron en gozos y en mares de gracia, de luz, de amor y de perdón para las criaturas; estos mares extendían mi maternidad sobre todos mis hijos que Jesús me dio con el sello de mis dolores.

Escucha, querida hija mía; tú debes saber que, después de la muerte de mi Hijo, me retiré al cenáculo en compañía de mi amado Juan y de Magdalena; pero mi Corazón sufría mucho al ver que sólo Juan estaba conmigo; y llena de dolor me preguntaba: « Y los demás apóstoles, *¿dónde están?* »

Pero, en cuanto ellos escucharon que Jesús había muerto, tocados por una gracia especial, sumamente conmovidos y llorando, los fugitivos se fueron acercando a mí uno por uno, haciéndome corona; y con lágrimas y suspiros me pedían perdón por haber abandonado a su Maestro y huido tan vilmente. Yo los acogí maternalmente en el Arca de refugio y de salvación de mi Corazón y les aseguré el perdón de mi Hijo a cada uno, los animé a no temer y les dije que su suerte estaba en mis manos porque a todos me los había dado por hijos y yo como tales los reconocía.

Bendita hija mía, tú sabes bien que yo estuve presente en la Resurrección de mi Hijo, pero no se lo dije a nadie esperando que Jesús mismo fuera quien les manifestara que había resucitado glorioso y triunfante. La primera que lo vio resucitado fue la afortunada Magdalena y después las piadosas mujeres; todos venían a decirme que habían visto a Jesús resucitado, que el sepulcro estaba vacío y mientras yo los escuchaba con aire triunfal los confirmaba a todos en la fe en la Resurrección. Casi todos los apóstoles vieron a su adorado Maestro durante el día y todos se sintieron triunfadores de haber sido apóstoles de Jesús. ¡Qué cambio de escena, hija mía! Símbolo de quien primero se ha hecho dominar por su voluntad humana representada por los Apóstoles que huyen, que abandonan a su Maestro, fue tanto el temor y el pánico que se escondieron y Pedro llegó hasta negarlo. ¡Oh, si se hubieran dejado dominar por la Divina Voluntad jamás habrían huido abandonando a su Maestro, sino que con intrepidez y como triunfadores no se hubieran separado nunca de su lado y se hubieran sentido honrados de dar la vida para defenderlo.

Hija mía, mi amado Jesús se entretuvo resucitado sobre la tierra durante cuarenta días; frecuentemente se les aparecía a sus apóstoles para confirmarlos en la fe y en la certeza de la Resurrección; y cuando no estaba con los apóstoles se encontraba a mi lado, en el cenáculo, rodeado por las almas que habían salido del limbo. Pero, cuando estuvieron por terminar los cuarenta días, mi amado Jesús les dejó sus instrucciones a los apóstoles y, dejándome a mí como guía y maestra, nos prometió la venida del Espíritu Santo; luego bendiciéndonos a todos, partió, emprendiendo el vuelo hacia la bóveda del cielo, junto con aquella turba de gente salvada del limbo.

Todos los que estaban presentes, y era un gran número, lo vieron ascender al cielo, pero cuando llegó arriba en alto, una nube de luz lo sustrajo de su vista.

Tu Madre lo siguió al cielo y asistió a la gran fiesta de la Ascensión, pues la patria celestial no era extraña para mí y además, sin mí no hubiera sido completa la fiesta de mi Hijo que ascendió al cielo.

Y ahora una palabrita para ti, queridísima hija mía; todo lo que has admirado y escuchado no ha sido más que la obra de la potencia de la Divina Voluntad operante en mí y en mi Hijo. Es por eso que tanto anhelo encerrar en ti la vida de la Divina Voluntad. Ella es vida operante porque todas las criaturas la tienen, pero la mayor parte la tienen sofocada y para hacerse servir por ella; y mientras podría obrar prodigios de santidad, de gracia y obras dignas de su potencia, las criaturas la obligan a estarse con las manos cruzadas, sin poder desenvolver su poder. Por eso, está atenta y haz que el cielo de la Divina Voluntad se extienda en ti y que con su potencia haga todo lo que quiera y como quiera.

El alma

Madre Santa, tus hermosas lecciones me extasían, ¡oh, cómo anhelo, cómo suspiro que la vida de la Divina Voluntad obre en mi alma! Yo también quiero ser inseparable de mi Jesús y de ti, Madre mía. Pero para estar más segura de que así sea, te ruego que te tomes el empeño de tener encerrada mi voluntad humana en tu Corazón materno y aunque vea que me esté costando mucho, nunca me la vayas a dar. Sólo así podré estar segura; de lo contrario todo se quedará siempre en palabras pero nunca en hechos; así que a ti se encomienda tu hija y de ti todo lo espera.

Propósito: Hoy, para honrarme, harás tres genuflexiones ante mi Hijo Jesús en el acto en que ascendió al cielo. y le pedirás que te haga ascender a la Divina Voluntad.

Jaculatoria: « *Madre mía, con tu poder triunfa en mi alma y haz que permanezca en la Voluntad de Dios.* »

Día 30. La Reina del Cielo en el Reino de la Divina Voluntad. La maestra de los apóstoles, sede del centro de la Iglesia naciente, Barca de refugio. La venida del Espíritu Santo.

El alma a su Madre Celestial

Aquí estoy nuevamente ante ti, Soberana del cielo. Me siento talmente atraída hacía ti, que cuento los minutos en espera de que tu majestad suprema me llame para darme las bellísimas sorpresas de tus lecciones maternas. Tu amor de Madre me extasía y sabiendo que tú me amas, mi corazón se llena de gozo y me siento llena de confianza y segura de que me vas a dar tanto amor y tanta gracia, con la cual poder formarle un dulce encanto a mi voluntad humana, así la Divina Voluntad extenderá sus mares de luz en mi alma y pondrá el sello de su *Fiat Divino* en todos mis actos.

¡Oh Madre Santa, nunca me dejes sola y haz que descienda en mí el Espíritu Santo para que queme en mí todo lo que no le pertenece a la Divina Voluntad!

Lección de la Reina del Cielo

Bendita hija mía, tus palabras hacen eco en mi Corazón y sintiéndome herida por ellas derramo en ti mis mares de gracia; ¡oh, cómo corren hacia ti para darte la vida de la Divina Voluntad! Si tú me eres fiel, yo no te dejaré jamás; estaré siempre contigo, para darte en cada uno de tus actos, en cada palabra y en cada latido de tu corazón el alimento de la Divina Voluntad.

Y ahora escúchame, hija mía. Nuestro sumo bien, Jesús, se ha ido al cielo y está ante su Padre Celestial para interceder por sus hijos y hermanos que dejó sobre la tierra; desde la patria celestial a todos ve, ninguno se le escapa, y es tanto su amor que todavía deja a su Madre sobre la tierra para confortar, ayudar, instruir y acompañar a sus hijos.

Tú debes saber que cuando mi Hijo subió al cielo, seguí estando junto con los apóstoles en el cenáculo esperando al Espíritu Santo. Todos estaban unidos en torno a mí y orábamos juntos, no hacían nada sin mi consejo.

¡Oh! con cuanta atención me escuchaban cuando yo tomaba la palabra para instruirlos o para narrarles algún episodio de la vida de mi Hijo que ellos todavía no conocían, como por ejemplo: las maravillas de su nacimiento, sus lágrimas infantiles, sus modos amorosos, las cosas que sucedieron en Egipto, las tantas maravillas de su vida oculta en Nazaret; quedaban extasiados al escuchar tantas sorpresas, tantas enseñanzas que me daba, que después habrían servido para ellos, ya que mi Hijo poco o nada habló de sí mismo con los apóstoles, reservando para mí la tarea de darles a conocer cuánto los había amado y las particularidades que sólo su Madre conocía. De manera que, en medio de mis apóstoles, hija mía, yo era más que el sol que ilumina el día, fui el Ancla, el Timón, la Barca en donde encontraron refugio para poder estar al seguro, protegidos de todo peligro.

Por eso puedo decir que di a luz a la Iglesia naciente sobre mi regazo materno y mis brazos fueron la barca que los guió a puerto seguro y aún hoy la sigo guiando.

Llegó entonces el tiempo en que descendió el Espíritu Santo prometido por mi Hijo en el cenáculo. ¡Qué transformación, hija mía! En cuanto fueron revestidos, adquirieron nueva ciencia, fuerza invencible, amor ardiente; una vida nueva corría en ellos y los hacía impávidos e intrépidos, y se dividieron por todo el mundo para dar a conocer la obra de la redención y dar la vida por su Maestro.

Yo me quedé con mi amado Juan y me vi obligada a salir de Jerusalén porque comenzó la tempestad de la persecución.

Querida hija mía, tú debes saber que yo continúo todavía mi magisterio en la Iglesia; no hay cosa que no descienda de mí, puedo decir que me deshago de amor por mis hijos y que los nutro con mi leche materna. Y ahora, en estos tiempos, quiero mostrar un amor más especial dando a conocer cómo toda mi vida fue formada en el Reino de la Divina Voluntad. Por eso te llamo a que vengas sobre mi regazo materno, para que siendo tu barca, puedas estar segura de que vives en el mar de la Divina Voluntad. Gracia más grande no podría concederte. ¡Ah, te lo ruego, complace a tu Madre! ¡Ven a vivir en este Reino tan Santo! Y cuando veas que tu voluntad humana quiera tener algún acto de vida, ven a refugiarte en la barca segura de mis brazos, diciéndome: « *Madre mía, mi voluntad me quiere traicionar, yo te la entrego para que pongas en su lugar a la Divina Voluntad* ». Oh, qué feliz seré el día que yo pueda decir:

« *Mi hija es completamente mía, porque vive de Voluntad Divina.* »

Yo haré que descienda el Espíritu Santo en tu alma, para que queme todo lo humano en ti y que con la frescura de su soplo divino impere sobre ti y te confirme en la Divina Voluntad.

El alma

Maestra Divina, hoy tu pequeña hija siente su corazón lleno de gozo, tanto que quiero desahogarme bañando con mis lágrimas tus manos maternas. Un velo de tristeza me invade: temo que no le sacaré provecho a tus múltiples enseñanzas y a tus más que cuidados maternos. Madre mía, ayúdame, fortifica mi debilidad, aleja mis temores y yo, abandonándome entre tus brazos, podré estar segura de vivir totalmente de Voluntad Divina.

Propósito: Para honrarme este día, recitarás siete veces el « Gloria al Padre » en honor del Espíritu Santo, pidiéndome que se renueven sus prodigios sobre toda la Iglesia.

Jaculatoria: « *Madre Celestial, derrama sobre mi corazón fuego y llamas, para que consumen y quemen todo lo que no es Voluntad de Dios.* »

Día 31. La Reina del Cielo en el Reino de la Divina Voluntad. Su Asunción de la tierra al cielo, feliz ingreso. Cielos y tierra festejan a su recién llegada Reina.

El alma a su gloriosa Reina

Mi querida Madre Celestial, aquí estoy de regreso entre tus brazos maternos y al mirarte veo que una dulce sonrisa florece sobre tus labios purísimos. Se ve que hoy estás de fiesta; me parece que quieres narrarle y confiarle a tu hija algo que me sorprenderá aún más. Madre Santa, iah, te lo ruego, toca con tus manos mi mente y vacía mi corazón, para que yo pueda comprender tus santas enseñanzas y ponerlas en práctica.

Lección de la Reina del Cielo

Querida hija mía, hoy tu Madre está de fiesta porque quiere hablarte de su Asunción de la tierra al cielo, día en que terminé de cumplir la Voluntad de Dios sobre la tierra. No hubo en mí ni un respiro, un latido o un paso en el que el *Fiat Divino* no tuviera su acto completo y esto me embellecía, me enriquecía y me santificaba tanto que los Ángeles mismos se quedaban extasiados.

Tú debes saber que antes de partir hacia mi patria celestial, regresé a Jerusalén junto con mi amado Juan. Era la última vez que en carne mortal pasaba por la tierra, toda la creación, como si lo hubiera intuido, se postraba a mi alrededor, y desde los peces del mar, por el que atravesamos, hasta el más pequeño pajarito, todos querían ser bendecidos por su Reina y yo bendecía a todos y también me despedí de ellos por última vez.

Así llegamos a Jerusalén y retirándome en un apartamento a donde Juan me llevó, me encerré en él para nunca más volver a salir.

Hija bendita, tú debes saber que yo comencé a sentir en mí tal un martirio de amor; unido a unas ardientes ansias de alcanzar a mi Hijo al cielo; que me sentía consumir hasta sentirme enferma de amor y que me daban fuertes delirios y desfallecimientos todos ellos de amor. Porque yo jamás conocí la enfermedad ni tuve alguna ligera indisposición, pues, habiendo sido concebida sin pecado original y habiendo siempre vivido totalmente de Voluntad Divina, a mi naturaleza humana le faltaba el germen de los males naturales. Si las penas me hicieron tanto la corte, fue porque todas ellas eran en orden sobrenatural y estas penas fueron para tu Madre Celestial triunfos y honores y daban lugar a que yo pudiera hacer que mi maternidad no fuera estéril, sino que pudiera conquistar muchos hijos. ¿Ves entonces, querida hija mía, qué es lo que significa vivir de Voluntad Divina? Significa perder el germen de todo mal natural, los cuales producen no honores y triunfos, sino debilidades, miserias y derrotas.

Por eso, querida hija mía, escucha las últimas palabras de tu Madre que está por partir al cielo; no me iré contenta si no dejo al seguro a mi hija. Antes de partir quiero dejarte mi testamento, dejándote por dote la misma Voluntad Divina que posee tu Madre y que me llenó tanto de sus gracias, que me hizo Madre del Verbo Eterno, Señora y Reina del Corazón de Jesús, Madre y Reina de toda la humanidad.

Escucha hija mía, hoy es el último día del mes consagrado a mí; yo te ha hablado con tanto amor de lo que obró la Divina Voluntad en mí, del gran bien que sabe hacer y de lo que significa dejarse dominar por ella.

Te he hablado también de los graves males de la voluntad humana. Pero, ¿crees tú que lo he hecho sólo para hacerte una simple narración? ¡No, no! Tu Madre cuando habla quiere dar. En el exceso de mi amor, yo me servía de cada palabra que te decía para atar tu alma al Fiat Divino y preparar la dote en la que tú pudieras vivir rica, feliz, llena de fuerza divina.

Así que, ahora que estoy por partir, acepta mi testamento; que tu alma sea el papel en el que yo escriba con la pluma de oro de la Divina Voluntad y la tinta de mi ardiente amor que me consuma, el testimonio de la dote que te hago.

Bendita hija mía, asegúrame que nunca más volverás a hacer tu voluntad, pon tu mano sobre mi Corazón materno y júrame que dejarás encerrada tu voluntad en mi Corazón, de manera que no sintiéndola ya no podrás tener la ocasión de hacerla; yo me la llevaré al cielo como triunfo y victoria de mi hija.

Hijita mía, escucha las últimas palabras de tu Madre que se está muriendo de puro amor; recibe mi última bendición como sello de la vida de la Divina Voluntad que dejo en ti y que será tu cielo, tu sol y tu mar de amor y de gracia. En estos últimos momentos, tu Madre Celestial quiere ahogarte de amor, quiere fundirse en ti con su amor con tal de obtener lo que tanto quiere sentirse decir, tús últimas palabras: es decir, que preferirás morir, que harás cualquier sacrificio antes de darle un acto de vida a tu voluntad; ¡Dímelo, hija mía! ¡Dímelo!

El alma

Madre Santa, con todo el dolor de mi corazón, te lo digo llorando: si tú ves que yo estoy por hacer un solo acto de mi voluntad, hazme morir, tú misma toma mi alma entre tus brazos y llévame al cielo; de todo corazón te lo prometo, te juro que jamás haré mi voluntad.

La Reina de amor

Bendita hija mía, ¡qué contenta estoy! No me podía decidir a narrarte mi asunción al cielo si no hubieras quedado al seguro sobre la tierra, dotada de Voluntad Divina; pero sabe que del cielo no te dejaré huérfana, te guiaré en todo; en la más pequeña de tus necesidades como en la más grande, llámame, yo vendré de inmediato y te seré Madre.

Y ahora, querida hija mía, escúchame. Yo estaba enferma de amor. El *Fiat Divino*, para consolar a los apóstoles y a mí también, permitió casi en modo prodigioso que todos los apóstoles, a excepción de uno, me hicieran corona en el acto en que estaba por partir al cielo. Todos sentían que se les rompía el corazón y lloraban amargamente; yo los consolé, les recomendé a todos de manera especial a la Santa Iglesia que estaba naciendo y les di a todos mi bendición materna, en virtud de la cual dejé en sus corazones la paternidad de amor hacia las almas.

Mi querido Hijo no hacía más que ir y venir del cielo, ya no podía seguir estando sin su Madre y dando yo mi último suspiro de puro amor en la eternidad de la Divina Voluntad, me recibió entre sus brazos y me condujo al cielo en medio a legiones de Ángeles, que elevaban sus himnos a su Reina. Puedo decir que el cielo se quedó vacío porque todos vinieron para venir a mi encuentro y me festejaron y al mirarme quedaban extasiados y en coro decían:

« *¿Quién es esta santa criatura que viene del exilio completamente apoyada a su Señor? Toda bella, toda santa, con el cetro de Reina; es tanta su belleza que los cielos se han abierto para recibirla; ninguna otra criatura tan espléndida y singular había entrado a estas regiones celestiales, tan potente, que tiene la supremacía sobre todo.* »

Hija mía, ¿quieres saber quién es esa santa criatura a quien todo el cielo festeja y queda extasiado contemplándola? Soy yo, que jamás hice mi voluntad. La Divina Voluntad me llenó tanto de sí misma, que extendió en mí los cielos más hermosos, los soles más resplandecientes, mares de belleza, de amor y de santidad, con los cuales podía dar luz, amor y santidad a todos y encerrarlo todo y a todos dentro de mi cielo; era la Divina Voluntad operante en mí la que había obrado un prodigio tan grande.

Yo era la única criatura que entrara al cielo, que había hecho la Divina Voluntad en la tierra como se hace en el cielo y que había formado su Reino en mi alma.

Toda la Corte Celestial al contemplarme quedó sorprendida, porque me encontraba cielo, y volviendo a mirarme me encontraba sol, y no pudiendo apartar su mirada, contemplándome más a fondo, me veía mar y encontraba también en mi la tierra purísima de mi humanidad llena de las más hermosas flores y exclamaban extasiados:

« ¡Qué hermosa es! ¡Ha concentrado todo en sí, no le falta nada! ¡Entre todas las obras de su Creador, ella es la única obra completa de toda la creación! »

Y ahora, bendita hija mía, tú debes saber que esta fue la primera fiesta que se le hizo en el cielo a la Divina Voluntad, que tantos prodigios había obrado en su criatura. De manera que cuando entré al cielo fue festejada por toda la corte celestial toda la belleza y la grandeza que el *Fiat Divino* puede obrar en la criatura. Desde aquel entonces estas fiestas no se han vuelto a repetir y es por eso que tu Madre tanto anhela que la Divina Voluntad reine en modo absoluto en las almas, para dar lugar a que se repitan sus grandes prodigios y sus maravillosas fiestas.

El alma

¡Madre de amor, Soberana Emperatriz, ah, desde el cielo en donde gloriosamente reinas dirige una piadosa mirada sobra la tierra y ten piedad de mí! ¡Oh, que necesidad tan grande siento de ti, querida Madre mía! Siento que sin ti me falta la vida. Todo vacila sin ti; por eso, no me dejes a la mitad de mi camino y continúa guiándome hasta que todas las cosas no se conviertan para mí en Voluntad de Dios y así forme en mi vida su vida y su Reino.

Propósito: Hoy, para honrarme, recitarás tres veces el « Gloria al Padre » a la Santísima Trinidad para darle gracias en nombre mío por la inmensa gloria que me dio el día de mi Asunción al cielo y me pedirás que te venga a asistir a la hora de tu muerte.

Jaculatoria: *« Madre Celestial, encierra mi voluntad en tu Corazón y deja el sol de la Divina Voluntad en mi alma. »*

Entrega de la voluntad humana a la Reina del Cielo

Dulcísima Madre mía, heme aquí postrada ante tu trono: soy tu hija, la más pequeña; quiero ofrecerte todo mi amor filial y cual hija tuya, quiero reunir todos los sacrificios, las invocaciones, las promesas que tantas veces he hecho de nunca más volver hacer mi voluntad y formando con ellos una corona, quiero ponerla en tu regazo materno como prueba de mi amor y de mi agradecimiento hacia ti que eres mi Madre.

Pero esto no me basta; quiero que la tomes entre tus manos como señal de que aceptas mi regalo y que al contacto de tus dedos maternos me la conviertas en tantos soles, al menos por cuantas veces he querido hacer la Divina Voluntad en cada uno de mis pequeños actos.

Ah, sí, Madre y Reina mía, esta hija tuya quiere ofrecerte un homenaje de luz y de soles radiantes; sé que tú ya posees tantos de estos soles pero no son los soles de esta hija tuya, por eso quiero darte los míos para decirte que te amo y para hacer que tú me ames.

Madre Santa, tú me sonríes y con toda bondad aceptas mi regalo y yo de todo corazón te doy las gracias; pero... quisiera decirte tantas cosas. Quiero encerrar en tu Corazón materno; en donde está mi refugio; mis penas y mis temores, mis debilidades y todo mi ser; quiero consagrarte mi voluntad. ¡Sí, oh Madre mía, acéptala; haz de ella un triunfo de la gracia y un campo en el que la Divina Voluntad extienda su Reino! Mi voluntad, consagrada a ti nos hará inseparables y nos tendrá en una unión continua; las puertas del cielo no se cerrarán para mí, porque habiéndote consagrado mi voluntad, me darás en cambio la tuya. De manera que o tú vendrás a estar con tu hija a la tierra o yo me iré a vivir contigo al cielo. ¡Oh, qué feliz seré!

Escucha, queridísima Madre mía, para hacer aún más solemne la consagración de mi voluntad a ti, llamo a la Sacrosanta Trinidad, a todos los Ángeles y Santos, y en la presencia de todos, declaro, con juramento, que hago solemne consagración de mi voluntad a mi Madre Celestial.

Y ahora, Reina Soberana, como cumplimiento de esta consagración, te pido, para mí y para todos, tu santa bendición. Descienda ésta como celestial rocío sobre los pecadores y los convierta; sobre los afligidos y los consuele; sobre el mundo entero y lo transforme al bien; sobre las almas del purgatorio y extinga en ellas el fuego que las quema. Tu bendición materna sea prenda de eterna salvación para todas las almas.

Amén.

Luisa, cuando terminó de escribir este libro, se lo entregó a su Confesor, quien al leerlo para prepararlo con motivo de su publicación, parece que no le gusto el orden que se siguió en las meditaciones, de modo que le dio la obediencia de escribir otras meditaciones que hablaran sobre algunos episodios de la vida de la Santísima Virgen que aparentemente ella había descuidado. Es así que a las 31 meditaciones originales que escribió en un solo cuaderno se añadieron las siguientes meditaciones, que hemos añadido a manera de apéndices, y que llegaron a nuestras manos en hojas sueltas y que son también originales de ella de su propia mano y puño; todas excepto la última, de la cual no pudimos encontrar el original, por lo que la tomamos del libro editado por el Confesor: « La Reina del Cielo en el Reino de la Divina Voluntad », y que por el contenido y estilo no cabe la menor duda de que fue tomado del original escrito por Luisa, aunque haya sido muy retocado por el Confesor.

Apéndice Primero.

La Reina del Cielo en el Reino de la Divina Voluntad. En el ímpetu de su amor, María Santísima, sintiéndose Madre de Jesús, va en busca de corazones que santificar. La Visitación a Santa Isabel y la santificación de Juan el Bautista.

El alma a su Madre Celestial

Madre Celestial, tu pobre hija tiene una necesidad extrema de ti. Siendo tú mi Madre y Madre de Jesús, siento que tengo el derecho de poder estar cerca de ti, de ponerme a tu lado, de seguir tus pasos para modelar los míos. Ah, Madre Santa dame la mano y condúceme junto a ti, para que yo pueda aprender a comportarme bien en cualquier circunstancia de mi vida.

Lección de la Reina del Cielo

Bendita hija mía, que dulce me es tu compañía. Al ver que quieres seguirme para imitarme, las llamas de mi amor que me devoran sienten un gran refrigerio. Oh, sí, teniéndote cerca de mí podré enseñarte más fácilmente a vivir de Voluntad Divina. Así que, mientras me sigues escúchame.

En cuanto me convertí en Madre de Jesús y Madre tuya mis mares de amor se redoblaron y no pudiendo contenerlos todos en mí, sentía la necesidad de extenderlos y de ser, aún a costa de grandes sacrificios, la primera portadora de Jesús a las criaturas. Pero, ¿qué digo? ¿sacrificios? Cuando se ama verdaderamente, los sacrificios, las penas, son refrigerios, son alivios y desahogos del amor que se posee.

Oh, hija mía, si tú no sientes el bien en el sacrificio, si no sientes como lleva consigo los gozos más íntimos, es señal de que el amor divino no llena toda tu alma y, por lo tanto, de que la Divina Voluntad no reina cual Reina en ti. Sólo la Divina Voluntad le da tal fortaleza al alma que la vuelve invencible y le da la capacidad de soportar cualquier pena.

Pon tu mano en tu corazón y observa cuantos vacíos de amor hay en él. Reflexiona: esa secreta estima de ti misma, ese turbarte por la más mínima contrariedad, esos pequeños apegos que sientes a cosas y personas, ese cansancio de hacer el bien, ese fastidio que te da lo que no te agrada, cada una de estas cosas equivale a un vacío de amor en tu corazón, vacíos que como la fiebre, te quitan la fuerza y el deseo de llenarte de Voluntad Divina. Cuando llenes de amor estos vacíos tuyos, ¡oh, cómo llegarás a sentir también tú la virtud refrigerante y conquistadora en tus sacrificios!

Hija mía, ahora dame la mano y sígueme, porque yo seguiré dándote mis lecciones.

Acompañada por San José, salí entonces de Nazaret, enfrentando un largo viaje y atravesando las montañas para ir a visitar en Judea a Santa Isabel, que a edad avanzada milagrosamente se había convertido en madre.

Yo no fui simplemente para visitarla, sino porque ardía en mí el deseo de llevarle a Jesús. La plenitud de la gracia, del amor, de la luz que sentía en mí me movía a llevar, a multiplicar, a centuplicar la vida de mi Hijo en las criaturas.

Sí, hija mía, fue tan grande mi amor por todos los hombres y especialmente por ti, que yo sentí la extrema necesidad de darles a todos a mi amado Jesús, para que todos pudieran poseerlo y amarlo.

El derecho de Madre que el *Fiat Divino* me dio, me enriqueció de una potencia tal, que yo podía multiplicar a mi Jesús tantas veces por cuantas criaturas habrían querido recibirlo. Este era el más grande milagro que yo podía realizar: tener listo a Jesús para dárselo a quien lo deseara. ¡Qué feliz me sentía!

Hija mía, cómo quisiera que cuando tú también te acercaras a la gente o cuando fueras de visita, fueras siempre la portadora de Jesús, capaz de darlo a conocer y deseosa de hacerlo amar.

Después de varios días de viaje finalmente llegué a Judea y de inmediato me dirigí a la casa de Santa Isabel. Ella vino a mi encuentro llena de regocijo y cuando la saludé sucedieron fenómenos maravillosos: mi pequeño Jesús exultó en mi seno y fijando los rayos de su divinidad en el pequeño Juan, que se hallaba en el seno de su madre, lo santificó, le dio el uso de la razón y le hizo saber que él era el Hijo de Dios; Juan, entonces, exultó tan fuertemente de amor y de alegría, que Isabel se sintió conmovida y habiendo sido alcanzada también ella por los rayos de la divinidad de mi Hijo, conoció que yo me había convertido en la Madre de Dios y en el ímpetu de su amor, temblando de agradecimiento, exclamó: « *¿De dónde a mí tanto honor que la Madre de mi Señor venga a mí?* »

Yo no negué el altísimo misterio, sino que lo confirmé con humildad. Alabando a Dios con el canto del Magníficat; cántico sublime, por medio del cual la Iglesia me honra continuamente; anuncié que el Señor había hecho grandes cosas en mí, su sierva, y que por eso todas las generaciones me llamarían bienaventurada.

Hija mía, yo me deshacía del deseo de desahogar mis llamas de amor que me consumaban y de darle a conocer mi secreto a Santa Isabel, quien también anhelaba la venida del Mesías sobre la tierra.

Un secreto es una necesidad del corazón que se revela irresistiblemente sólo a las personas capaces de comprender.

¿Quién podría decirte el bien que les hizo mi visita a Santa Isabel, a Juan y a toda su casa? Todos quedaron santificados, llenos de alegría, sintieron un gozo insólito, comprendieron cosas inauditas y especialmente Juan recibió todas las gracias que le eran necesarias para prepararse a ser el precursor de mi Hijo.

Queridísima hija mía, la Divina Voluntad hace cosas grandes e inauditas donde sea que ella reine; si yo obré tantos prodigios, fue porque ella tenía su puesto real en mí. Si tú también dejas que la Divina Voluntad reine en tu alma, también tú te convertirás en la portadora de Jesús a las criaturas y sentirás también la necesidad irresistible de darlo a las criaturas.

El alma

¡Madre Santa, estoy sumamente agradecida por tus hermosísimas lecciones! Siento que tienen un poder tan grande sobre mí que me hacen suspirar continuamente del deseo de vivir en la Divina Voluntad. Pero para obtener esta gracia, ven, desciende junto con Jesús a mi alma, junto con los prodigios que hiciste. Ah, sí, Madre mía, tráeme a Jesús, santifícame; con Jesús sabré hacer la Divina Voluntad.

Propósito: Hoy, para honrarme, recitarás tres veces el « Magníficat » en acción de gracias por la visita que le hice a Santa Isabel.

Jaculatoria:

« *Madre Santa, visita mi alma y prepara en ella una digna habitación a la Divina Voluntad.* »

Apéndice Segundo.

La Reina del Cielo en el Reino de la Divina Voluntad. Suena la primera hora de dolor. El heroísmo de someter al Infante Divino al duro corte de la Circuncisión.

El alma a su Reina Celestial

Madre Divina, tu amor me llama potentemente para acercarme a ti, porque quieres hacerme partícipe de tus gozos y de tus dolores, para encerrarlos en mi corazón como prendas de tu amor y del niño Jesús, para que pueda comprender cuanto me han amado y cuanto estoy obligada a imitarlos, tomando como ejemplo su vida para copiarla perfectamente. Y tú, Madre Santa, ayúdame para que pueda imitarte a ti y al niño Jesús.

Lección de la Reina del Cielo

Queridísima hija, cuanto anhelo tu compañía para poder narrarte nuestra historia de amor y de dolor. La compañía hace que las alegrías sean más dulces, suaves y apreciables; el dolor queda mitigado y correspondido por la dulce compañía de quien nos ama.

Tú debes saber que ya habían pasado ocho días desde el día en que nació el Infante Divino. Todo era fiesta y felicidad; la creación, poniéndose de fiesta, festejaba al Creador niño. Pero el deber interrumpió nuestras alegrías, porque en aquellos tiempos había una ley que mandaba que todos los hijos primogénitos debían ser sometidos al duro corte de la circuncisión; mi Corazón de Madre sangraba por el dolor de tener que someter a mi querido Hijo, mi Vida, mi Creador, a un dolor tan acerbo.

¡Oh, cómo hubiera querido ponerme yo en su lugar! Pero la Divina Voluntad se impuso sobre mi amor y, dándome el heroísmo, me mando que llevara a circuncidar a mi niño Dios. Hija mía, tú no puedes entender cuanto me costó; pero el *Fiat Divino* triunfó y junto con San José obedecimos. Estando los dos de acuerdo, llevamos a circuncidar a mi querido Hijo. Cuando le hicieron el doloroso corte yo sentí que se me rompía el Corazón y lloré; San José también lloró y mi querido niño sollozaba; y era tanto el dolor que temblaba y mirándome, buscaba ayuda en mí. ¡Qué hora de dolor y de terrible aflicción para los tres! Fue tanto el dolor que, más que un mar, envolvió a todas las criaturas para darles la primera prenda, la vida misma de mi Hijo para ponerlas a salvo.

Bendita hija mía, tú debes saber que este corte encierra profundos misterios: fue el sello que imprimió en la pequeña humanidad del niño celestial su hermandad con toda la familia humana; y la sangre que derramó fue el primer desembolso que hizo ante la divina justicia para rescatar a todas las generaciones humanas. Mi querido niño no estaba obligado a cumplir esta ley, pero quiso someterse, en primer lugar para dar el ejemplo y luego para infundir confianza y valor y decirles a todos:

« *No teman, soy un hermanito suyo del todo semejante a ustedes. Amémonos y yo los pondré a todos a salvo; los conduciré a todos a mi Padre Celestial como a hermanos amados míos.* »

Hija mía, ¡qué ejemplo dio el niño celestial! El, que es el autor de la ley, obedece a la ley. Teniendo apenas ocho días de nacido ya siente el deber de obedecer y se somete al duro corte de la circuncisión; corte imborrable, como imborrable es la unión que vino a hacer con la humanidad degradada.

Esto hace ver que la santidad está en el cumplimiento de los propios deberes y en la observancia de la ley, en el cumplimiento de la Divina Voluntad: santidad sin deber no existe. Es el deber que le pone el orden, la armonía y el sello a la santidad. Y además, hija mía, tú debes saber que, apartándose Adán de la Voluntad Divina, después de su corta vida de inocencia, su voluntad humana quedó herida más que por un cuchillo mortal y por esta herida entró la culpa, las pasiones, perdió el "hermosísimo día" de la Divina Voluntad y se degradó tanto que hasta daba piedad.

Por eso, mi querido Hijo, después de la fiesta de su nacimiento quiso ser circuncidado, para que esta herida sanara la herida que se hizo Adán haciendo su propia voluntad, y con su sangre le preparó el baño para lavarlo de todas sus culpas, fortificarlo y embellecerlo y hacerlo digno para que pudiera recibir de nuevo aquella Divina Voluntad que rechazó y que formaba su santidad y su felicidad.

Hija mía, no hubo obra o pena que él haya sufrido con la cual no haya tratado de reordenar de nuevo la Divina Voluntad en las criaturas. Por eso debes tener en cuenta muy seriamente que bajo cualquier circunstancia, incluso dolorosa y humillante, debes hacer en todo la Divina Voluntad, porque es la materia prima en la que se esconde la Divina Voluntad para obrar en las criaturas y hacer que adquieran su vida practicante en ellas.

Queridísima hija mía, en medio a tanto dolor surgió la más hermosa alegría, la cual logró calmar nuestro llanto: en cuanto fue circuncidado le pusimos el Nombre Santísimo de Jesús tal como el Ángel quiso.

Cuando pronunciamos este Nombre Ss. fue tanto nuestro gozo, la alegría que sentimos, que endulzó nuestro dolor. A mayor razón que en este Nombre, quien lo hubiera querido, habría encontrado el bálsamo para sus dolores, la protección en los peligros, la victoria en la tentación, la mano para no caer en el pecado, la medicina para todos sus males. Este Nombre Ss. de Jesús hace temblar al infierno, los Ángeles lo veneran, suena dulcemente al oído del Padre Celestial. Ante este Nombre todos se postran y adoran. Nombre potente, Nombre santo, Nombre grande; y quien lo invoca con fe sentirá las maravillas, el secreto milagroso de la virtud que encierra este Nombre Ss.

Hija mía, te lo recomiendo: pronuncia siempre el Nombre Ss. de Jesús. Cuando veas que tu voluntad humana débil y vacilante titubea en hacer la Divina Voluntad, el Nombre de Jesús te hará resucitar en el *Fiat Divino*; si te sientes oprimida llama a Jesús, si trabajas llama a Jesús, si duermes llama a Jesús y cuando te despiertes, que la primera palabra que digas sea Jesús; llámalo siempre; es un Nombre que contiene mares de gracia, pero que sólo a quien lo llama y lo ama se le dan.

El alma a su Reina

Madre Celestial, cuanto te debo agradecer las tantas lecciones que me has dado. Ah, te lo ruego, escríbelas en mi corazón para que nunca se me vayan a olvidar.

Te suplico también que bañes mi alma con la sangre del niño celestial, para que me sane las heridas que me ha hecho mi voluntad humana, encierra en ellas la Divina Voluntad y para que me haga la guardia haz que escriba sobre cada una de ellas el Nombre Ss. de Jesús.

Propósito: Hoy, para honrarme, le ofrecerás cinco actos de amor al Nombre Ss. de Jesús y me ofrecerás tu compasión por el dolor que sufrí el día de la circuncisión de mi Hijo.

Jaculatoria: « *Madre mía, escribe en mi corazón el Nombre de Jesús, para que me de la gracia de vivir de Voluntad Divina.* »

Apéndice Tercero.

La Reina del Cielo en el Reino de la Divina Voluntad deja Belén. El *Fiat Divino* la llama al heroísmo del sacrificio de ofrecer al niño Jesús por la salvación del género humano. La Purificación.

El alma a su Madre Celestial

Madre Santa, aquí estoy cerca de ti para acompañarte al templo, donde vas a cumplir el más grande de los sacrificios: de poner la vida de tu Hijo celestial a merced de cada criatura, para que se sirvan de él para ponerse a salvo y para que se santifiquen. Pero, ¡qué dolor! Muchos se servirán de él para ofenderlo y hasta para perderse. Ah, Madre mía, pon al pequeño Jesús en mi corazón y yo te prometo y te juro que lo amaré siempre y que lo tendré como vida de mi pobre corazón.

Lección de la Reina del Cielo

Queridísima hija mía, ¡qué contenta estoy de tenerte cerca mí! Mi Corazón materno siente la necesidad de desahogar mi amor y de confiarte mis secretos. Pon atención a mis lecciones y escúchame. Tú debes saber que son ya cuarenta días que nos encontramos en esta gruta de Belén, la primera morada de mi Hijo sobre la tierra; ¡Cuántas maravillas en esta gruta! El Infante Celestial en un arrebato de amor descendió del cielo a la tierra, fue concebido y nació y sentía la necesidad de desahogar este amor.

Así que cada respiro, cada palpito y cada movimiento era un desahogo de amor que hacía; cada lágrima, cada gemido y cada lamento, era un desahogo de amor; también el sentirse entumecido por el frío, sus pequeños labios lívidos y temblorosos, eran todos desahogos de amor que hacía y él buscaba a su Madre para depositar en ella todo este amor que no podía contener, mientras yo estaba siempre a merced de su amor.

Así que me sentía herida continuamente y sentía a mi pequeño niño palpitar, respirar, moverse en mi Corazón materno, lo sentía llorar, gemir y lamentarse, y yo quedaba inundada por las llamas de su amor. Ya la circuncisión me había abierto profundas heridas, en las cuales él había derramado tanto amor que me hacía sentir Reina y Madre de amor. Yo me sentía extasiada al ver que en cada pena, en cada lágrima y en cada movimiento que hacía mi dulce Jesús, él buscaba y llamaba a su Madre cual amado refugio de sus actos y de su vida. ¿Quién pudiera decirte, hija mía, lo que paso entre mi niño Celestial y yo durante estos cuarenta días? Repitiendo sus actos junto con él, sus lágrimas, sus penas, su amor, estábamos como fundidos el uno en el otro, todo lo que él hacía lo hacía yo también.

Ahora bien, habiendo llegado el fin de los cuarenta días, mi querido niño, más que nunca ahogado en su amor, quiso obedecer a la ley y presentarse al templo para ofrecerse por la salvación de cada criatura. Era la Divina Voluntad que nos llamaba a cumplir este grande sacrificio y nosotros obedecimos con prontitud. Hija mía, cuando el *Fiat Divino* halla prontitud en el cumplimiento de lo que quiere, pone a disposición de la criatura su fuerza divina, su santidad, su potencia creadora para poder multiplicar aquel acto, aquel sacrificio, por todos y por cada uno, pone en aquel sacrificio la monedita de valor infinito, con la cual se puede pagar y satisfacer por todos.

Así pues, era la primera vez que San José y yo salíamos juntos con mi pequeño Jesús. Toda la creación reconoció en él a su Creador y todos se sintieron honrados de tenerlo en medio de ellos y poniéndose de fiesta, nos acompañaron durante el camino. Llegando al Templo, nos postramos y adoramos a la Majestad Suprema, y luego lo pusimos en los brazos del sacerdote, que era Simeón, quien lo ofreció al Padre Eterno, ofreciéndolo por la salvación de todos; y mientras lo ofrecía, inspirado por Dios, reconoció al Verbo Divino y exultando por el inmenso gozo adoró y le dio las gracias a mi querido niño; después del ofrecimiento, tomó la actitud de profeta y predijo todos mis dolores. ¡Oh, cómo el *Fiat Supremo* dolorosamente me hizo sentir en mi Corazón materno, con voz solemne, la fatal tragedia de todas las penas que mi Divino Hijo debía sufrir! Cada palabra era una espada afilada que me traspasaba; pero lo que más me traspasó el Corazón, fue el oír que este Celestial Infante habría sido no sólo la salvación sino también la ruina de muchos y el blanco de las contradicciones. ¡Qué pena! ¡Qué dolor! Si la Divina Voluntad no me hubiera sostenido, habría muerto al instante de puro dolor; en cambio me dio vida y así comenzó a formar en mí el Reino de los dolores en el Reino de su misma Divina Voluntad.

De manera que, con el derecho de Madre que ya tenía sobre todos, adquirí también el derecho de Madre y Reina de todos los dolores. ¡Oh, sí! Con mis dolores adquirí la monedita que se necesitaba para poder pagar las deudas de mis hijos, incluso las de los que me son ingratos.

Hija mía, tú debes saber que, por la luz de la Divina Voluntad que en mí reinaba, yo ya conocía todos los dolores que habría tenido que sufrir y hasta más de los que me profetizó el Santo Profeta; es más, puedo decir que me profetizó los dolores que habría tenido que sufrir externamente, pero de los dolores internos, los cuales me iban a traspasar mucho más y de las penas internas que pasaron entre mi Hijo y yo no me dijo ni una sola palabra; sin embargo, en aquel acto tan solemne del ofrecimiento de mi Hijo, al oír que me los repetía, me sentí de tal modo traspasada, que me sangró el Corazón y se abrieron nuevas venas de dolor y profundos desgarros en mi alma.

Y ahora, escucha a tu Madre: en tus penas, en los encuentros dolorosos, que también a ti no te faltan, cuando sepas que la Divina Voluntad quiere que hagas algún sacrificio, sé pronta, no te abatas, es más, repite enseguida tu dulce y amado Fiat, es decir, "lo que quieres tú, lo quiero yo", y con amor heroico haz que la Divina Voluntad tome su puesto real en tus penas, para que te las convierta en moneditas de valor infinito con las cuales podrás pagar tus deudas como también las de tus hermanos, para rescatarlos de la esclavitud de la voluntad humana y hacer que entren, como hijos libres, en el Reino del *Fiat Divino.*

Porque tú debes saber que a la Divina Voluntad le agrada tanto el cumplimiento del sacrificio que le pide a la criatura, que le cede sus derechos divinos y la constituye reina del sacrificio y del bien que surgirá en medio de las criaturas.

El alma a su Madre Celestial

Madre Santa, en tu Corazón traspasado pongo todas mis penas, tú sabes cuánto me afligen. Ah, como Madre mía, derrama en mi corazón el bálsamo de tus dolores, para que también a mí me toque tu misma suerte de poder servirme de mis penas para cortejar a Jesús, protegerlo y defenderlo de todas las ofensas que recibe y como medio seguro por medio del cual yo pueda conquistar el Reino de la Divina Voluntad y hacer que venga a reinar sobre la tierra.

Propósito: Hoy, para honrarme, vendrás a mis brazos para que te ofrezca junto con mi Hijo al Padre Celestial y así obtener que venga el Reino de la Divina Voluntad.

Jaculatoria: « *Madre Santa, derrama tu dolor en mi alma y convierte todas mis penas en Voluntad de Dios.* »

Apéndice Cuarto.

La Reina del Cielo en el Reino de la Divina Voluntad. Una nueva estrella con su dulce resplandor llama a los Magos a adorar a Jesús. La Epifanía.

El alma a su Madre Celestial

Aquí estoy una vez más sobre tu regazo materno, Madre Santa. El dulce niño que estrechas entre tus brazos y tu belleza encantadora me encadenan de tal modo que no puedo alejarme de ti; pero hoy tu aspecto es aún más bello. Me parece que el dolor de la circuncisión te ha hecho más bella; tu dulce mirada mira a lo lejos, para ver si llegan algunas personas que tú amas, porque sientes un ardiente deseo de dar a conocer a Jesús. Yo no me separaré de tu regazo materno, para que también yo escuche tus hermosas lecciones, para que pueda conocer y amar a Jesús siempre más.

Lección de la Reina del Cielo

Queridísima hija, tienes razón en decir que me ves más bella. Tú debes saber que cuando vi circuncidado a mi Hijo y que le salía sangre de aquella herida, yo amé esa sangre, esa herida, y quedé doblemente Madre: Madre de mi Hijo y Madre de su sangre y de su acerbo dolor; así que adquirí ante la Divinidad doble derecho de maternidad, doble derecho de gracias para mí y para todo el género humano. Es por eso que me ves más bella.

Hija mía, ¡qué bello es hacer el bien, sufrir en paz por amor a quien nos creó! Esto ata la Divinidad a la criatura y Dios le da tanto, que llega hasta ahogarla de gracias y amor. Este amor y estas gracias no pueden estar ociosas, quieren correr, darse a todos, para dar a conocer a quien tanto les ha dado. Es por eso que yo sentía la necesidad de dar a conocer a mi Hijo.

Bendita hija mía, la Divinidad, que no sabe negarle nada al alma que la ama, hace que en el cielo azul surja una nueva estrella más hermosa y resplandeciente, y con su luz va en busca de adoradores, para decirle con su mudo resplandor a todo el mundo: « *¡Ha nacido ya aquél que ha venido a salvaros! ¡Venid a adorarlo y a reconocerlo como vuestro Salvador!* »

Pero, ¡oh humana ingratitud! Entre tantos, solamente tres personas pusieron atención, y sin tomar en cuenta el sacrificio, se pusieron en camino para seguir la estrella. Y así como una estrella los guiaba por el camino, mis oraciones, mi amor, mis gracias y mis suspiros, los cuales querían dar a conocer a mi niño celestial, al esperado de todos los siglos, descendían como estrellas en sus corazones, iluminaban sus mentes, guiaban su interior, de manera que sentían que ya amaban a aquél que estaban buscando aunque todavía no lo conocían; y apresuraban el paso para poder alcanzar y ver a quien tanto amaban.

Queridísima hija mía, mi Corazón de Madre gozaba al ver la fidelidad, la correspondencia y el sacrificio que hicieron los tres Reyes Magos para venir a conocer y a adorar a mi Hijo.

Pero no te puedo esconder un secreto dolor mío: el ver entre tantas criaturas solamente a tres; y en la historia del mundo, ¡cuántas veces no se ha repetido en mí este dolor y esta ingratitud humana! Yo y mi Hijo no hacemos más que hacer que salgan nuevas estrellas, una más bella que otra, para llamar a algunos a que conozcan a su Creador, a otros a que se hagan santos, a que resurjan del pecado, al heroísmo de un sacrificio... Pero ¿quieres saber cuáles son estas estrellas? Un encuentro doloroso es una estrella; una verdad que se conoce es una estrella; un amor no correspondido por las criaturas es una estrella; una contradicción, una pena, un desengaño, una fortuna inesperada, son todas estrellas que iluminan las mentes de las criaturas y que, acariciándolas, quieren hacer que encuentren al Infante Celestial, que delira de amor y que temblando de frío busca un refugio en sus corazones para darse a conocer y hacerse amar. Pero, ¡ay de mí! Yo que lo tengo entre mis brazos, espero en vano que estas estrellas me traigan a las criaturas para poder ponerlo en sus corazones y mi maternidad queda limitada, obstaculizada; y mientras soy Madre de Jesús, se me impide el ejercer mi oficio de Madre de todos, porque no están a mi alrededor, no buscan a Jesús; las estrellas se esconden y ellos se quedan en las Jerusalenes del mundo, sin Jesús.

¡Qué dolor, hija mía, qué dolor! Se necesita correspondencia, fidelidad, sacrificio, para seguir las estrellas, y si surge el Sol de la Divina Voluntad en el alma, cuanta atención se requiere, de lo contrario se puede uno quedar en la obscuridad de la voluntad humana.

Hija mía, los Santos Reyes Magos, apenas entraron en Jerusalén, perdieron la estrella, sin embargo ellos no cesaron de seguir buscando a Jesús. Pero en cuanto llegaron a las afueras de la ciudad, la estrella apareció de nuevo y los condujo felices a la gruta de Belén. Yo los recibí con amor de Madre y mi querido niño los miró con tanto amor y majestad, que hizo que de su pequeña humanidad se transparentara su Divinidad, por lo que se arrodillaron a sus pies, adorando y contemplando aquella belleza celestial; lo reconocieron como verdadero Dios y se quedaron ahí, extasiados, gozándoselo, tanto que el niño celestial tuvo que volver a retirar a su Divinidad en su humanidad, de lo contrario se hubieran quedado ahí sin poder apartarse de sus divinos pies. Luego, cuando volvieron en sí, ahí donde ofrecieron el oro de sus almas, el incienso de su fe y adoración, la mirra de todo su ser y de cualquier sacrificio que él les hubiera pedido, añadieron la ofrenda y los dones externos que eran símbolo de sus actos internos: oro, incienso y mirra.

Pero mi amor de Madre no estaba todavía satisfecho, quise poner entre sus brazos a mi dulce niño, ¡oh, con cuánto amor lo besaron y se lo estrecharon al pecho! Sintieron el paraíso anticipadamente. De este modo mi Hijo ataba a todas las naciones gentiles al conocimiento del verdadero Dios y ponía a disposición de todos, los bienes de la redención, el regreso a la fe de todos los pueblos; se constituía rey de todos los dominadores y con las armas de su amor, de sus penas y de sus lágrimas, imperando sobre todo, hacía que el Reino de la Divina Voluntad volviera sobre la tierra.

Y yo, tu Madre, quise ser el primer Apóstol: los instruí, les narré la historia de mi Hijo, su ardiente amor, les recomendé que lo dieran a conocer a todos, y tomando mi primer lugar de Madre y Reina de todos los Apóstoles, los bendije, hice que los bendijera mi querido niño y felices, con las lágrimas en los ojos, partieron hacia sus lugares de origen. Mas yo no los dejé; con cariño maternal los acompañé y para corresponderles les hacía sentir a Jesús en sus corazones. ¡Qué contentos estaban!

Tú debes saber que sólo entonces me siento verdadera Madre: cuando veo que mi Hijo tiene todo el dominio, la posesión y forma su morada perenne en los corazones de quienes lo buscan y lo aman.

Y ahora unas palabras para ti, hija mía; si quieres que te sea verdaderamente Madre, déjame poner a Jesús en tu corazón; así lo harás feliz con tu amor, lo alimentarás con el alimento de su Voluntad, porque él no toma otro alimento, lo vestirás con la santidad de sus obras y yo vendré a tu corazón y volveré a hacer crecer junto contigo a mi querido Hijo y ejerceré con él y contigo mi oficio de Madre; así sentiré las alegrías más puras de mi fecundidad materna.

Tú debes saber que lo que no comienza con Jesús, que está dentro del corazón, aunque sean las obras más hermosas externamente, nunca me podrán gustar, porque están vacías de la vida de mi querido hijo.

El alma a su Madre Celestial

Madre Santa, ¡cuánto debo agradecerte el que quieras depositar al niño celestial en mi corazón! ¡Qué contenta estoy! Ah, te suplico que me escondas bajo tu manto, para que no pueda ver más que al niño Jesús que está en mi corazón y para que formando de todo mi ser un solo acto de amor de Voluntad Divina, lo hagas crecer tanto en mí hasta llenarme totalmente de Jesús y que sólo quede en mí el velo que lo esconda.

Propósito: Hoy, para honrarme, vendrás tres veces a besar al niño celestial y le darás el oro de tu voluntad, el incienso de tus adoraciones y la mirra de tus penas; y me pedirás que lo encierre en tu corazón.

Jaculatoria: « *Madre Celestial, enciérrame entre los muros de la Divina Voluntad, para alimentar a mi amado Jesús.* »

Apéndice Quinto.

La Reina del Cielo en el Reino de la Divina Voluntad. Visita al templo. María modelo de oración. Jesús perdido en el templo. Gozos y dolores.

El alma su Madre Celestial

Madre Santa, tu amor materno me llama con una voz siempre más potente a estar junto a ti, a que me acerque a ti; veo que te estás preparando para partir de Nazaret. Madre mía, no me dejes, llévame junto contigo y yo escucharé con atención tus sublimes lecciones.

Lección de la Reina el Cielo

Queridísima hija, tu compañía y el cuidado que muestras en oír mis lecciones celestiales para imitarme son las alegrías más puras que le puedes dar a mi Corazón materno; yo gozo porque puedo dividir contigo las inmensas riquezas de mi herencia. Dándole una mirada a Jesús y otra a mí, préstame atención, te narraré un episodio de mi vida que, aunque tuvo un éxito consolador, fue sin embargo dolorosísimo para mí. Nada más imagínate que si la Divina Voluntad no me hubiera dado continuamente nuevos y continuos sorbos de fortaleza y de gracia yo habría muerto de puro dolor.

Nosotros seguíamos viviendo tranquilamente en nuestra casita de Nazaret y mi querido Hijo crecía en sabiduría, edad y gracia. Era atrayente por la dulzura y la suavidad de su voz, por el dulce encanto de sus ojos, por la amabilidad de toda su persona. ¡Sí, mi Hijo era verdaderamente bello, sumamente bello!

El había cumplido hacía poco tiempo doce años de edad cuando fuimos a Jerusalén, conforme a le costumbre de aquellos tiempos, para solemnizar la pascua. Nos pusimos en camino él, San José y yo. Con frecuencia, mientras proseguíamos con devoción y recogimiento, mi Jesús rompía el silencio y nos hablaba de su Padre Celestial o del amor inmenso que ardía en su Corazón por las almas. Llegando a Jerusalén nos dirigimos directamente al templo y en cuanto llegamos nos postramos totalmente adorando profundamente a Dios y estuvimos en oración por largo tiempo. Nuestra oración estaba llena de fervor y recogida, tanto que abría el cielo, atraía y ataba al Padre Celestial y, por lo tanto, apresuraba la reconciliación entre Dios y los hombres.

Hija mía, quiero confiarte una pena que me tortura: desgraciadamente son muchos los que van a la Iglesia, sí, para orar, pero la oración que dirigen a Dios se detiene entre sus labios, porque su corazón y su mente huyen de él. ¡Cuántos van a la Iglesia sólo por costumbre o para pasar inútilmente el tiempo! Estos cierran el cielo en vez de abrirlo. ¡Qué numerosas son las irreverencias que se hacen en la casa de Dios! ¡Cuántos flagelos no podrían ser evitados en el mundo y cuántos castigos se convertirían en gracias si todas las almas se esforzaran en imitar nuestro ejemplo!

Solamente la oración que sale de un alma en la que reina la Divina Voluntad obra en modo irresistible sobre el Corazón de Dios. Es tan potente esa oración, que vence a Dios y obtiene de él las gracias más grandes. Por eso, ocúpate de vivir en la Divina Voluntad y tu Madre que te ama le cederá a tu oración los derechos de su potente intercesión. Después de haber cumplido nuestro deber en el templo y de haber celebrado la pascua emprendimos el camino de regreso a Nazaret. En la confusión de la multitud nos separamos; yo me quedé con las mujeres y San José con los hombres.

Busqué a mi alrededor para asegurarme que mi querido Jesús venía conmigo; pero no habiéndolo visto pensé que se había ido con su padre, San José. ¡Cuál no fue la sorpresa y el dolor que sentí cuando al llegar al punto en que nos debíamos reunir no lo vi a su lado! No sabiendo lo que había sucedido sentimos un temor tan grande y un dolor tal que quedamos enmudecidos. Abrumados por el dolor, regresamos rápidamente a Jerusalén, preguntando a cuantos encontrábamos por el camino:

« Ah, por favor, decidnos si habéis visto a Jesús, nuestro hijo, no podemos seguir viviendo sin él. »

Y llorando lo describíamos como era:

« El es del todo amable; sus hermosos ojos azul celeste reflejan luz y hablan al corazón; su mirada hiere el corazón, cautiva, encadena; su frente es majestuosa; su rostro hermosísimo, de una belleza encantadora; su dulcísima voz penetra hasta el corazón y endulza todas las amarguras; sus cabellos rizados y como de oro lo hacen especial, gracioso. Todo en él es majestad, dignidad, santidad; él es el más hermoso entre los hijos de los hombres. »

Pero a pesar de todos nuestros esfuerzos por encontrarlo nadie supo decirnos nada. El dolor que yo sentía encrudecía a tal grado que me hacía llorar amargamente y abría a cada instante profundas heridas en mi alma, las cuales me procuraban verdaderas penas mortales.

Querida hija mía, si Jesús era mi Hijo, él era también mi Dios; por eso mi dolor fue totalmente en orden divino, es decir, tan potente que superaba todos los demás dolores posibles, unidos en uno solo.

Si el *Fiat Divino* que yo poseía no me hubiera sostenido continuamente con su fuerza divina, yo habría muerto del puro susto.

Viendo que nadie sabía nada de él, con ansia les preguntaba a los Ángeles que me rodeaban:

« *Decidme, ¿en dónde está mi amado Jesús? ¿Hacia dónde debo dirigir mis pasos para poder encontrarlo? ¡Ah, decidle que ya no puedo más, traédmelo sobre vuestras alas a mis brazos! ¡Ah, Ángeles míos, tened piedad de mis lágrimas, socorredme, traedme a Jesús!* »

Mientras tanto toda búsqueda resultaba vana, y así llegamos a Jerusalén. Después de tres días de amarguísimos suspiros, de lágrimas, de ansias y temores, entramos al templo. Yo estaba atentísima y buscaba por todos lados, cuando finalmente, exultando de gozo por la alegría, descubrí a mi Hijo entre los doctores de la ley.

Hablaba con una sabiduría y majestad tal, que dejaba extasiados y sorprendidos a cuantos lo escuchaban.

Apenas lo vi sentí que la vida me volvía y de inmediato comprendí la razón oculta por la que se nos perdió.

Y ahora unas palabras para ti, queridísima hija mía. En este misterio mi Hijo quiso darnos, tanto a mí como a ti, una enseñanza sublime. ¿Crees tú que él ignoraba todo lo que yo estaba sufriendo? Todo lo contrario, porque mis lágrimas, la búsqueda que hacía, mi crudo e intenso dolor repercutían en su Corazón. Sin embargo, durante aquellas horas tan penosas, el sacrificaba a la Divina Voluntad a su propia Madre, a quien él tanto amaba, para mostrarme cómo también yo un día iba a tener que sacrificar su vida misma a la Voluntad de Dios.

Yo no me olvidé de ti en esta pena indescriptible; pensando que te habría servido de ejemplo la tenía a tu disposición, para que tú pudieras tener al momento oportuno, la fuerza necesaria para sacrificarlo todo a la Divina Voluntad.

Cuando Jesús terminó de hablar, nos acercamos a él con reverencia y le dirigimos un dulce regaño: « *Hijo, ¿por qué nos has hecho esto?* »

Y él, con dignidad divina, nos respondió: « *¿Porqué me buscabais? ¡No sabíais que yo he venido al mundo para glorificar a mi Padre?* »

Habiendo comprendido el altísimo significado de su respuesta y adorando en ella la Voluntad Divina, regresamos a Nazaret.

Hija de mi Corazón materno, escucha: cuando se me perdió mi Hijo, el dolor que sentí fue verdaderamente inmenso; sin embargo, a este dolor se le añadió otro más, es decir, el dolor de haberte perdido a ti. De hecho, previendo que tú te habrías apartado de la Divina Voluntad, yo sentí al mismo tiempo que se me perdió tanto mi Hijo como tú, hija mía, y por eso mi maternidad recibió una doble herida.

Hija mía, cuando estés por hacer tu voluntad humana en vez de la Voluntad de Dios, reflexiona y date cuenta que abandonando el *Fiat Divino* estás por perderme a mí y a Jesús y que estás por precipitarte en el reino de las miserias y de los vicios.

Así que, mantén tu palabra que me diste de permanecer unida a mí indisolublemente y yo te concederé la gracia de que no te vuelvas a dejar dominar por tu voluntad humana, sino exclusivamente de la Divina.

El alma

Madre Santa, me pongo a temblar de solo pensar en los abismos a los que mi voluntad es capaz de arrojarme. Por culpa de mi voluntad yo podría perderte a ti, a Jesús y todos los bienes celestiales. Madre, si tú no me ayudas con la potencia de la luz de la Divina Voluntad, siento que no me será posible vivir de Voluntad Divina con constancia. Por eso pongo toda mi esperanza en ti, en ti confío, de ti todo lo espero. Así sea.

Propósito: Recitarás tres veces el « Ave María » para compadecerme por el inmenso dolor que sentí durante los tres días en los que me quedé sin Jesús.

Jaculatoria: *« Madre Santa, haz que yo pierda para siempre mi voluntad para vivir solo en la Divina Voluntad. »*

Apéndice Sexto.

La Reina del Cielo en el Reino de la Divina Voluntad sobre la tierra Reina de las familias, Reina de los milagros. Vínculo matrimonial entre el *Fiat Divino* y la criatura. Las bodas de Caná.

El alma a su Madre Celestial

Madre Santa, estoy aquí junto a ti y junto al dulce Jesús para asistir a un nuevo matrimonio, para ver los prodigios, comprender el altísimo misterio y ver hasta dónde llega tu amor materno por mí y por todos. Ah, Madre mía, tómame de la mano y ponme sobre tu regazo materno, revísteme de tu amor, purifica mi inteligencia y dime por qué quisieron tú y Jesús asistir a este matrimonio.

Lección de la Reina del Cielo

Queridísima hija mía, mi Corazón está lleno de amor y sentía la necesidad de decirte por qué quise asistir junto con mi Hijo Jesús a este matrimonio, es decir, a las bodas de Caná. ¿Crees tú que fue por ir a una ceremonia cualquiera? No, hija mía, hay profundos misterios en él. Préstame atención y te diré cosas nuevas, te diré cómo mi amor de Madre hizo alarde de manera increíble y el amor de mi Hijo dio varios signos de paternidad y de realeza por las criaturas.

Y ahora escúchame. Mi Hijo había regresado del desierto y se estaba preparando a la vida pública, pero primero quiso asistir a este matrimonio y por eso permitió que fuera invitado. Fuimos, no para festejar, sino para obrar grandes cosas en favor de las generaciones humanas.

Mi Hijo tomaba su puesto de Padre y Rey de las familias y yo tomaba mi puesto de Madre y Reina. Con nuestra presencia renovamos la santidad, la belleza, el orden del matrimonio formado por Dios en el Edén, es decir el de Adán y Eva, casados por el Ser Supremo para poblar la tierra y para multiplicar y hacer crecer a las futuras generaciones. El matrimonio es la sustancia en donde surge la vida de las generaciones; se le puede llamar el tronco del cual sale la población de la tierra. Los Sacerdotes, los religiosos, son las ramas; si no fuera por el tronco, ni siquiera las ramas podrían existir. Así que con el pecado, Adán y Eva, apartándose de la Divina Voluntad, hicieron que se perdiera la santidad, la belleza, el orden de la familia; y yo, tu Madre, la nueva Eva inocente, junto con mi Hijo, fuimos para reordenar lo que Dios hizo en el Edén y me constituí Reina de las familias e impetraba la gracia de que el Fiat Divino reinara en ellas, para tener familias que me pertenecieran y así yo pudiera tener el puesto de Reina en medio de ellas.

Pero esto no es todo, hija mía; nuestro amor ardía y queríamos darles a conocer a todos, cuánto los amábamos y darles la más sublime de las lecciones. Y he aquí cómo: en el momento principal del banquete faltó el vino; mi Corazón de Madre se sintió consumar de amor y quiso prestar ayuda y sabiendo que mi Hijo todo lo podía, con voz suplicante, pero con la certeza de que me habría escuchado, le dije: « *Hijo mío, los esposos ya no tiene vino.* »

Y él me respondió: « *No ha llegado mi hora de hacer milagros.* »

Y yo, sabiendo con certeza que no le habría negado a su Madre lo que le pedía, les dije a los que servían: « *Haced lo que mi Hijo os diga y obtendréis lo que queráis, es más, tendréis de sobra y con abundancia.* »

Hija mía, en estas pocas palabras yo le daba a las criaturas, la más útil, la más necesaria y sublime lección. Yo hablaba con mi Corazón de Madre y decía:

« Hijos míos, ¿queréis ser santos? Haced la Voluntad de mi Hijo. No os separéis de lo que os dice mi Hijo y podréis tener en vuestro poder su semejanza y su santidad. ¿Queréis que cesen todos vuestros males? Haced lo que os dice mi Hijo. ¿Queréis cualquier gracia, por difícil que sea? Haced lo que os dice y lo que quiere mi Hijo. ¿Queréis también las cosas necesarias para vivir? Haced lo que os dice mi Hijo. Porque en sus palabras, en lo que os dice y quiere, tiene encerrada una potencia tal, que, cuando habla, su palabra encierra lo que habéis pedido y hace surgir en vuestras almas las gracias que queréis. »

Cuantos hay que se ven llenos de pasiones, débiles, afligidos, desdichados, miserables, y sin embargo oran y oran, pero como no hacen lo que les dice mi Hijo nada obtienen, el cielo parece que está cerrado para ellos. Este es un dolor para tu Madre, porque veo que mientras oran, se alejan de la fuente en la que residen todos los bienes, es decir de la Voluntad de mi Hijo.

Ahora bien, los sirvientes hicieron precisamente lo que mi Hijo les dijo, es decir*: « Llenad las jarras de agua y llevadlas a la mesa. »* Mi querido Hijo, Jesús, bendijo aquella agua y se convirtió en vino exquisito. ¡Oh, bienaventurado mil y mil veces quien hace lo que él dice y quiere! De este modo mi Hijo me dio el honor más grande, me constituyó Reina de los milagros; por eso quiso hacer su primer milagro unido a mí y a mi oración. El me amaba demasiado; tanto que quiso darme el primer puesto de Reina también en los milagros y con los hechos, no con palabras, decía:

« Si queréis gracias, milagros, venid a mi Madre; yo jamás le negaré nada de lo que ella me pida. »

Además de esto, hija mía, habiendo asistido a este matrimonio, yo veía los siglos futuros, veía el Reino de la Divina Voluntad sobre la tierra, veía a las familias e impetraba que fueran imágenes del amor de la Sacrosanta Trinidad, para hacer que su Reino entrara en pleno vigor y con mis derechos de Madre y Reina, tomaba bajo mi cuidado su gobierno y, poseyendo su fuente, ponía a disposición de todas las criaturas todas las gracias, las ayudas y la santidad que se necesita para vivir en un Reino tan santo. Y por eso repito constantemente: « *Haced lo que os dice mi Hijo.* »

Hija mía, escúchame: si quieres que todo esté en tu poder, no busques otra cosa; dame la alegría de poder hacer de ti una verdadera hija mía y de la Divina Voluntad. Yo entonces me tomaré el empeño de formar el matrimonio entre ti y el *Fiat Divino* y como verdadera Madre tuya, vincularé el matrimonio dándote como dote la vida misma de mi Hijo y como don mi maternidad y todas mis virtudes.

El alma

¡Oh Madre Celestial, cuánto te debo agradecer tu inmenso amor por mí! En todo lo que haces tienes siempre un pensamiento por mí y me preparas y me das tales gracias que junto conmigo cielos y tierra quedan extasiados, y todos decimos: « *¡Gracias! ¡Gracias!* » Ah, Madre Santa, imprime en mi corazón tus santas palabras: « *Haz lo que te dice mi Hijo* », para que generes en mí la vida de la Divina Voluntad que tanto suspiro y quiero; y tú sigila mi voluntad, para que esté siempre sometida a la Divina.

Propósito: En todas nuestras acciones abramos muy bien los oídos para escuchar a nuestra Madre Celestial que nos dice: « *Haced lo que os dice mi Hijo* », para que todo lo que hagamos sea para darle cumplimiento a la Divina Voluntad.

Jaculatoria: *« Madre Santa, ven a mi alma y hazme el milagro de dejar que la Divina Voluntad tome posesión de mi".*

BIOGRAFÍA DE LA SIERVA DE DIOS LUISA PICCARRETA

Nació en Corato (Ba) Italia el 23 de Abril de 1865 y murió el 4 de marzo de 1947. El 28 de febrero de 1899, por obediencia a su Confesor, inició su diario compuesto de 36 volúmenes, que terminó de escribir el 28 de diciembre de 1938. En 1912, por orden de San Aníbal M. Di Francia, su Confesor extraordinario, Luisa escribió "Las Horas de la Pasión" y en 1926 escribió "Memorias de la Infancia", él fue Censor Eclesiástico de sus escritos y dio a los primeros 19 volúmenes su "Nihil Obstat". En 1930 escribió: "La Virgen María en el Reino de la Divina Voluntad". Jesús, la llamaba "La pequeña Hija de la Divina Voluntad", elegida por Él para la misión del "Hágase tu Voluntad como en el Cielo así en la tierra".

El 20 de Noviembre de 1994, Mons. Carmelo Cassati, Arzobispo de Trani-Barletta-Bisceglie, Titular de Nazaret, abrió su proceso de Beatificación y Canonización. El 29 de Octubre de 2005 se entregó toda la documentación del proceso a la Sagrada Congregación para la Causa de los Santos en la ciudad del Vaticano, las cajas sellas con los documentos pertenecientes a la fase final de la Causa de la Sierva de Dios Luisa Piccarreta fueron abiertas, dando con ello inicio a la etapa final del proceso.

La Abogada Silvia Mónica Correale fue nombrada Postulador de la Causa en Roma, y como Vice- Postulador fue designado el Padre Sabino Lattanzio, de la Arquidiócesis de Trani. Los Teólogos Censores el mes de julio de 2010 dieron su VEREDICTO POSITIVO de los escritos de Luisa.

TESTAMENTO ESPIRITUAL

Después de haber vivido en la tierra de su destierro durante 81 años, 10 meses y 9 días, Luisa murió el martes 4 de 1947, hacia las 6 de la mañana, después de 15 días de enfermedad, la única que pudo comprobarse en su vida: una fuerte pulmonía, con fiebre alta. Murió a la hora en que termina la noche, a la misma hora que todos los días el Sacerdote la llamaba, sacándola de su estado de muerte mediante la obediencia. Escribe su Confesor:

"FENÓMENOS EXTRAORDINARIOS EN SU MUERTE"

El cadáver de Luisa está sentado en su camita, exactamente como cuando vivía; no fue posible extenderlo, ni con la fuerza de varias personas. Se quedó en esa postura, por lo cual hubo que construir un ataúd especial.

Atención, extraordinario...Todo el cuerpo no sufrió **LA RIGIDEZ CADAVÉRICA**, que afecta a todos los cuerpos humanos expuesta a la vista de todo el pueblo de Corato y de muchísimos forasteros, que vinieron aposta a Corato para ver y tocar con sus propias manos, se pudo ver **EL CASO ÚNICO Y MARAVILLOSO**: poder mover la cabeza, sin el menor esfuerzo, hacia todos los lados, levantarle los brazos y doblárselos, doblarle las manos y todos los dedos. Se le podían levantar también los párpados y observar sus ojos lúcidos y no velados.

LUISA parecía estar viva y que dormía, mientras que un congreso de médicos, convocados expresamente, declaraba, tras un atento examen del cadáver, que **LUISA ESTABA REALMENTE MUERTA** Y que había que pensar por lo tanto una muerte verdadera y no aparente, como todos imaginaban.

Fue necesario, con un permiso de la Autoridad civil y del médico forense, hacer que permaneciera durante 4 días en su lecho de muerte, sin dar ningún señal de descomposición, para satisfacer al gentío que se apiñaba, sobre todo forasteros, que entraban en la casa incluso con violencia".

Luisa dice que había nacido al revés de los demás y que, por eso, era justo que su vida fuera al revés de la vida de los demás criaturas, también su muerte fue al revés...se quedó sentada, cómo había vivido siempre, y sentada tuvo que ser llevada al cementerio, en un ataúd especial, de cristal, como una reinita en su trono, vestida de blanco "como una Esposa para su Esposo "con el FIAT sobre su pecho...

El funeral tuvo lugar el 7 de marzo de 1947. Más de 40 sacerdotes, innumerables religiosas (entre las que destacaban sobre todo las Hijas del Divino Celo y las monjas Misioneras del Sagrado Costado), un gentío de miles de personas, que se subían hasta en los tejados, al acabar el funeral y la S. Misa celebrada por el Capítulo de la Iglesia Catedral, la acompañaron hasta el cementerio.

Printed in Great Britain
by Amazon